金子晴勇［著］

わたしたちの信仰

その育成をめざして

ヨベル新書
060

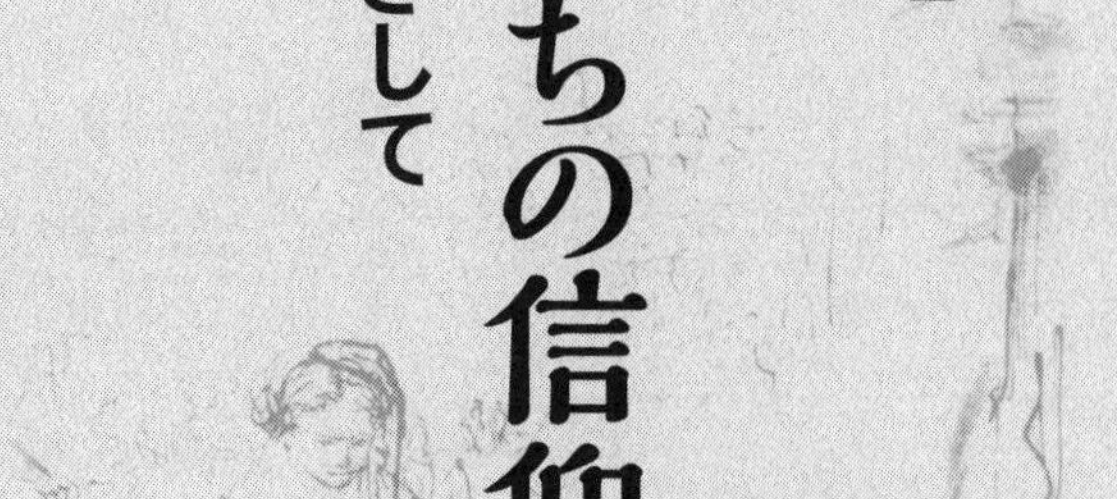

YOBEL,Inc.

装丁・ロゴスデザイン：長尾 優

はじめに

もう10年以上前のことですが、教会の友人がある学校の校長先生となり、その方が信仰の訓話をするのを助けるために、わたしは信仰を奨励する小冊子を作成したことがあります。そのときわたしは二つの奨励集のファイルをもっていました。一つは「真理は自由を与える」という表題の付いたもので、もう一つは「チャペル講話集」という表題が付いていました。前者はわたしが所属する井草教会で、年に一回行った講話を集めたもので、後者は老年になってから勤めた聖学院大学での講話で、これも年に一回行われたものでした。この中から10編ほどの講話を集めて1冊のノートを作成し、これを参照してみてくださいと彼に提供しました。本書はこのノートを拡大し、40編からなる講話集としたものです。

わたしが教会の牧師でもないのにどうして講話集という、説教集に似た書物を出版するのかというと、そこには二つの理由があります。その理由の一つは青年時代から多くの思想家の講話集を読んできて、信仰を育てられてきた経験です。たとえば高校生の頃読んだ三谷隆正の『信仰の論理』、内村鑑三の『求安録』、キルケゴールの『野の百合、空の鳥』などです。もう一つの理由はわたしの書いたものがすべて難解で多くの方々に読んでもらえないからです。学術論文は仕方がないとしても、わたしが大学生のために書いた教科書類は学生の思考の訓練のために、わざわざ少し難しくなっています。それはわたしが解説して初めて理解できるようになっているからです。しかし、わたしが学生に話す時には、分かり易く話して理解できるようにします。ところが教会や学校で話す時は最初から聞いてもらえるように心がけます。また、だいぶ前のことですが青年時代に一緒に信仰生活を送った友人からもう少しやさいものを書いてくれと要請されました。それにも応えたいと思います。

ですから本書は読みやすいものです。そこにはわたしが青年時代からどのように聖書を学んできたかが記録されています。表題に「わたしたちの信仰」とあるのは、キリスト教徒に共通の「使徒信条」を告白する信仰のことです。それはかつて愛読したブルンナーの同名の書物に倣うものですが、毎日営んでいる日常生活の直中からキリスト教信仰を育成するように試みたものといえましょう。

わたしたちの信仰——その育成をめざして

目次

はじめに　3
1　心のアンテナ　詩編19・5　10
2　神の像　創世記1・27　16
3　不思議なもの　詩編8・4―5　21
4　眠りから覚めるべきとき　ローマ13・11―12　28
5　富める青年　マルコ10・2―22　34
6　イエスと悪鬼に憑かれた男　マルコ5・1―10　38
7　ぶどう園の労働者　マタイ20・12―16　42
8　種まきの譬話　マルコ4・3―8　47
9　ともしびの譬え　ルカ8・16―18　52

10　マルタとマリア　ルカ10・38―42　56
11　霊と真理による礼拝　ヨハネ4・24　61
12　論理学者イエス　ルカ20・23―25　65
13　二つの愛の物語　ヨハネ13・34　69
14　神の現臨　創世記28・16―17　74
15　神を神とせよ　出エジプト記20・2―3　78
16　打ち砕かれ悔いる心　詩編51・19　82
17　試練と信仰　詩編130・1　86
18　知恵の探求とその挫折　コヘレト1・2―20　90
19　愛の交換における秘儀　雅歌2・16　94
20　山鳩の声　雅歌2・12　99

21　神の選び（パウロの回心）　ガラテヤ1・13―16　103
22　「神の子」としての身分　ガラテヤ4・1―5　108
23　知恵と知識の宝　コロサイ2・3　112
24　幸福について　フィリピ3・8　116
25　主にある安息　ヘブライ3・18　121
26　新しい創造　第2コリント5・17　125
27　天に宝をたくわえなさい　マタイ6・19、21　130
28　「父よ」と呼ぶ霊　ローマ8・9―10　135
29　霊的な礼拝　ローマ12・1―2　139
30　自由と奴隷　ガラテヤ5・1　147
31　信仰の成熟をめざして　ヘブライ6・1―2　153

32　世に勝つ信仰　第1ヨハネ5・4―5　157
33　福音の交わりと共同社会　第1コリント9・19―23　162
34　リュディアの信仰――使徒言行録の小さな花
使徒16・11―15、フィリピ1・3―11　167
35　忠実な良い僕　マタイ25・21　175
36　真理は自由を与える　ヨハネ8・32　186
37　霊と力の証明　第1コリント2・4　195
38　カイロスとロゴス　マルコ1・15　206
39　人知の限界と神への畏怖　コヘレト1・2、12・8　215
40　隠された宝を探そう　マタイ13・44　224
あとがき　232

1　心のアンテナ（詩編19・5）

その声は全地に響き渡り、その言葉は世界の果てにまで及ぶ。

何時だったかラジオを通して南半球の雷の音を聞いたことがある。耳に何の音の響きも聞こえないのに、受信機さえあれば、視界に入らない遠くの雷の音を、それは恰も狸の腹づつみのように聞こえたが、とらえることができるのだと、当たり前のことに感心したことがあった。考えてみると受信機は聞く働きである「耳」としてわたしたちの内に生まれながら備わっている生体の機能なのである。それなのに聞こえないのは、やはりアンテナの感度が悪いのではなかろうかということに気づいた。

聖書を呼んでみると、わたしたちの受信機である「耳」が悪いということが時折書かれている。イエスの説教の終わりに「耳のある者は聞きなさい」（マタイ13・9、42）とよく言われる。もちろん耳のない人はいないのであるから、ルカが書き直しているように「聞く耳のある者は聞きなさい」(8・8、14・34)ということになろう。同じことを使徒パウロもローマ人への手紙で言っている。「実に信仰は聞くことにより、しかも、キリストの言葉を聞くことによって始まるのです。それでは、尋ねよう。彼らは聞いたことがなかったのだろうか。もちろん聞いたのです」(10・17－18新共同訳)。これに続けて詩編19編4節「その声は全地に響き渡り、その言葉は世界の果てにまで及ぶ」が引用されている。この詩編で言われていることは「もろもろの天は神の栄光をあらわし、大空はみ手のわざを示す。話すことなく、語ることなく、その声も聞こえないのに、その響きは全地にあまねく、その言葉は世界の果てにまで及ぶ」というのであって、人々の耳には聞こえていないのに、神の言葉は全地にあまねく行き渡っているというのである。したがって聞いていて聞こえないのは「聞く耳」を、つまり信仰をもって聞かないからである。この信仰というのは「心のアンテナ」ではなかろうか。

このような「心のアンテナ」の意味をいっそう明らかにするために、今日はアウグスティヌスの回心の物語を少し紹介してみたい。青年時代に彼を苦しめていたのは金銭・地位・女性であり、金銭欲と名誉欲のほうは克服できたのに、性欲の支配から逃れることが大変困難であった。当時の回心では全身全霊をあげて献身することが求められていた。どうして自分だけが信仰に入るのに苦しまねばならないのかと彼は真剣に考えたのである。当時イタリアのミラノに滞在していた彼は、庭園のある家で回心の経験をした。最後の場面では神の言葉が胸元まで迫っていると感じながらも依然として回心の決断ができないままに躊躇していたとき、子どもたちが「取れ、読め」(tolle, lege) と歌う声を聞き、読みかけていた聖書の箇所を読んで、回心している。「子どもの声」というのは当時の漁師たちのかけ声であるという研究もなされており、人によっては文学的な創作ではないかと疑う人もいるが、この声を神からの声としてとらえたところに彼の「心のアンテナ」が働いているように思われる。彼は自己の生活を反省して良心的な苦悩を味わっていたが、この良心の声は自分の内から発せられた声であるのに対し、神の声は心の外から彼に呼びかけている。そこには自分の外にアンテナを向け、他者からの声を聞いて回心が起こっている。声と耳と心との関連を彼は次のように語っている。


「その声はわたしの耳に流れこみ、あなたの真理はわたしの心にしみわたった」。

「わたしはこれらのことばを外に読み、内に認めて叫んだ」。

「あなたはわたしたちの心をご自身の愛の矢で貫かれた。そこでわたしたちは腸に突きささったあなたの言葉を身に帯びた」。

「主よ、ご覧のとおり、わたしの耳はあなたのみ前にある。その耳を開いて〈わたしはお前の救いであるとわたしの魂に語ってください〉。わたしはこの御声を追いかけ、あなたをとらえる」。

わたしたちの心には特別な聴覚が備わっているように思われる。それが「心のアンテナ」であって、その働きは感覚と理性の作用とも異なっている。このアンテナは「取りて、読め」という外から来た言葉を聴覚（感覚）によって聞きながらも、その背後にわたしの心に向けられた神の声としてそれをとらえている。詩人の語る言葉には独自の意味があって、これと似た現象を引き起こしている。たとえば、詩人のリルケ（Rainer Maria Rilke, 1875〜1926）を作家のカロッサが訪問したとき、集まった人々にリルケが自分の詩を朗読した場面のことを考えてみよう。そのとき給仕がお茶をひっくりかえし、相当大きな音がしたはずなのに、その騒音はまったく皆に届かなかった、と記されている。詩人のことばは魂の深みに根ざしている。それは心のことばである。このことばは無意味な騒音とは無関係である。聖書のことばもこれと似ているのではなかろうか。

わたしは現在大学で「ヨーロッパ文化概論」という講義を担当している。そこでいつも問題にしているのは、ヨーロッパ文化の最大の特質とは何であるかということである。表面的に観察しても分かるように、この文化は少なくともギリシア文化とヘブライ文化との二つの源泉をもっており、その総合として形成されている。ところが、この源泉となっている二つの文化の特徴をわたしたちは「眼と耳」によって示すことがでる。

ギリシア人は「眼」の国民である。ルーブル美術館に入っていくと、ひときわ目立っている作品は、ギリシアが誇るミロのヴィーナスとか美しいニケの彫像であって、このことを考えてみると、彼らが眼の国民であることが納得できるのではなかろうか。実際、哲学者アリストテレスも「すべての人間は、生まれながら知ることを欲する。その中でも最も愛好されるのは、眼によるそれ［つまり視覚］である」と『形而上学』の冒頭で宣言している。

しかし、ヘブライズムでは反対に「耳」が最も重んじられてきた。まず、ギリシアに満ち溢れている美しい神々の像を刻むこと自体が、最初から禁じられていた。十戒の第二戒には「あなたがたは自分のために、刻んだ像を造ってはならない」と戒められている。実際、この十戒が与えられたとき人々は神の声を聞いてあまりに恐かったので、神がモーセを通して語ってくれるように切願したほどであった。それゆえ預言者イザヤは「恐れるな、わたしはあなたをあがなった。わたしはあなたの名を呼んだ、あなたはわたしのものだ」（43・1）と語っている。実に聖書は神がその天地創造の初めから「光あれ」と語ったと述べているし、戒めを犯してエデンの園の茂みに隠れた最初の人アダムに向かって「あなたはどこにいるのか」と直接に語りかけている。したがってイスラエル人は見えない神の声を聞いて信じる「耳」の国民であったと言えよう。

今日の聖句には「信仰は聞くことによるのである」(ローマ10・17)とあるが、わたしたちは心のアンテナを出して各自の心深く語りかけてくる声に応答していきたいものである。

2　神の像　（創世記1・27）

神は御自分にかたどって人を創造された。神にかたどって創造された。

「像」というと彫像のことを考えてしまうので、それでは偶像になってしまう怖れがある。しかし、「神の像」（imago Dei）というのは、英語でいうと image of God のことであり、「像」とはイメージ、つまり「面影」を意味している。このイメージを造る能力は「想像力」であって、人間に与えられている極めて優れた作用である。こうした面影としてのイメージは類似したものによって引き起こされる。たとえばわたしは母に良く似ているらしく、母の葬式に来てくれた友人を驚かせたことがあるほどである。それゆえ親類の者たちはわたしを見ると母の面影を感じ、母が偲ばれるのも不思議ではない。そこには彼女の往時の姿が彷彿と浮かび上がっているからに他ならない。

同様のことは過去の遺跡を前にしても起こってくる。たとえば、ダンテ(Dante Alighieri, 1265

~1321）は「ローマの城壁の石は畏敬に値し、この都市が建てられている地面は人間が書き語ったよりもさらに貴い」と述べている（『饗宴』Ⅳ、5）。ここで「人間が語る」というのはローマの歴史家たちの書いたものを指している。荒廃したローマの廃虚は人間が書き記したことに優って多くのことを語っているというのである。そこには豊かなイメージが沸き起こってきている。たとえばギボン（Edward Gibbon, 1737～1794）はその『自叙伝』によるとローマの廃虚であるカピトールの丘に立って瞑想していたとき、昔日のローマの偉人たちの群像が立ち現われ、語りかけてきたという。そしてその霊感に促されて、あの有名な『ローマ帝国衰亡史』全七巻の大作を書いた（完訳版：中野好夫・朱牟田夏雄・中野好之訳、ちくま学芸文庫全十巻）。ところで残念なことに日本には廃虚というものが存在しない。もちろん考古学的な廃虚はあるにしても、土地があまりに少ないために、廃虚のままにしておけなかったのである。それゆえ日本人は歴史に生きるよりも、むしろ自然のなかで生き続けてきた。

ところで、わたしの郷里では「二つの勿体ないものがある。そのひとつは富士山であり、もうひとつは白隠《はくいん》禅師である」といわれている。わたしは少年時代以来毎日のように「偉大なる富士」を仰いで過ごしてきたため、心にはその像がいつも映っている。とくに敗戦という未曾有の悲惨な歴史的体験に見舞われたときに、その気高い姿はくっきりと心に刻み付けられたのである。このように、自然と共に生きてきた日本人の心には美しい自然が原風景となっているように想われる。

さて、旧約聖書の冒頭には天地創造の物語が記されている。創世記第1章から2章4節までの記事は学問上「祭司資料」と呼ばれている。それはイスラエルの滅亡のときバビロンに連れていかれた祭司たちが当地の文化に触れ、なかでも異教のバビロン神話に触れたとき、それと対決して彼らは天地の主なる神による世界創造を説いたものである。「天の大空には光る物があって、昼と夜を分け、季節のしるし、日や年のしるしとなれ。天の大空に光る物があって、地を照らせ」と語られているところには、バビロン神話での主神マルドゥークが太陽神として崇められている信仰に対する批判が現われている。太陽や月また星もこの星辰《せいしん》宗教では神々として崇められていた。これに対し聖書宗教では人格神による天地創造が告げられ、太陽は「大きい光る物」、月は「小さい光る物」、ともに被造物であると宣言されている。

天地創造の物語の中には人間の創造についての記事がしるされている。「我々にかたどり、我々に似せて、人を造ろう」、また「神は御自分にかたどって人を創造された。神にかたどって創造された。男と女に創造された」（創世記1・26–27）とある。「かたどって」という表現は人が神と同じ形に造られたということを意味していない。神人同形説は、「神の像を造ってはならない」という十戒に反するゆえに考えられない。「かたどって」とか「似せて」とかいうのは、対等とはいえないとしても、対面的な関係にある存在を言い表しており、人間が神に対して応答的な存在であることを意味しているといえよう。詩編第8編にも同様な記事があって人間は動物を治めるほどに偉大であり、神はこれを顧み、語りかけているほどに貴い存在であることが知られる（詩編8・5―9参照）。つまり積極的に交わりをもてるように神は人間を創造されたのである。したがって、ルターが神を考えるとき王を念頭に置くようにと勧めているのは正しいといえよう。なぜなら偉大なる人格として神を表象することは、総じて王より無限に優っている最高存在に対する人格関係を示すからである。

神の像というと確かに神と人との「同形性」がつきまとっているにしても、それは外面的な相似をいうのではなく、元来「一致」を意味している。しかし「像」は「原像」との関連をもっており、心の鏡に原像が映し出されると、そこには模写像が現象してくる。ルター派の神秘主義者アルントによると、魂は神を映す鏡である。彼は『真のキリスト教』第一巻第一章第三節で「鏡が曇っていなければいないほど、そこに映る像はそれだけいっそう純粋に見える。同様に、人間の魂が純粋で明澄《めいちょう》であればあるほど、そこにある神の像は明るく光りかがやく」と語っている。「心の清い者は神を見るであろう」というのもこの意味に解せられる。したがって「神の像」としての人間は心に神を反映させる存在であるといえよう。

諸君の心に何が最も関心あるものとして、つまり「像」として映っているであろうか。「自己」や「自己の欲求」であろうか。その人は「自己」と同じだけ大きな存在となるであろう。また、もし「他者」や「社会」が反映しているなら、周囲世界の大きさがそこに映し出されるだけ大きな存在となるであろう。さらに、もしわたしと同じように「富士山」が映っているなら、事業であれ、研究であれ、苦しい登山をわたしと共に何度も試みることになるであろう。しかし、もし「神」が心に映っているとしたら、その人は実に計り知れなく偉大な存在となるであろう。このことはイエスの生涯でとくに明瞭となっている。なかでも、人々の罪を贖うため十字架上で死んだイエスを見守っていたローマの軍人「百卒長」の証言、「この人は本当に、神の子であった」（マタイ27・54）という証言を見れば明らかである。こういうわけで、わたしたちは志を大きくもってこれからも歩んでいきたいと想う。

3　不思議なもの　（詩編8・4―5）

あなたの指の業なる天、あなたの創り給うた月と星を見ると、あなたか弱き人を顧み、人を心にかけ給うことが、不思議に想われる。

ヨーロッパ思想史がわたしの専門領域であるが、これを学んでいると、宗教・哲学・文学・造形美術その他においても、そこに生きている思想がそれぞれの出発点である特別な経験から起こってきていることが分かってくる。わたしはこうした思想の出発点にある経験を「基礎経験」と呼んでいる。この経験をよく捉えると難解な思想も容易に理解されるように思われる。

今日お話ししたいのはその基礎経験のなかの一つである身近の「不思議なもの」についてである。もちろん、安定していた生活の根底を脅かすような天変地異とか世界史的な大事件とかが一般的にいって大思想家の基礎経験として見いだされるのも事実である。しかし、もう少し身近な日常的な経験の中にも「不思議なもの」が見いだされて、わたしたちの生涯に少なからず影響をもたらすことがあるのも事実である。

そこでわたしが皆さんと同じ大学生であったころ経験した例を少しだけ話してみたい。最初はある先生との出会いである。大学に入学して少したったころ、あるカナダ人女性の先生がバイブル・クラスを大学で開いていることを知り、わたしもそれに参加した。その頃は外国人そのものがとてもめずらしかったので、その先生がもうかなりの歳であったのにたいへん魅力的に感じられたのであった。しかも、日本語がとても上手なのには驚いたが、やがてこの先生の魅力が先生自身の心から来ていることに気づき、どうしてすべての人に限りなく親切なのであろうか、と不思議に思うようになった。

次はルターの『大教理問答書』との出会いである。わたしは高校の二年生のとき、一食抜いても購入しなさいと牧師に勧められてルターの著作集を買い、それを集中的に読み始めたが、大学に入ってからもルターに関心をもち続けていた（それは今日にまで至っている）。そしてあるとき彼の『大教理問答書』を読んで、その思想が余りにも内容が豊かで成熟しているのにすっかり感心してしまった。そしてどうしてこのような境地に到達できるのか不思議に思ったのであった。

二つの例はきわめて当たり前のことで、不思議に思うこともないほどの日常的で些細なことであるが、人生にはこうしたことが満ち溢れているのではないであろうか。この無数にある「不思議なもの」についての最大の文学的表現はギリシアの悲劇詩人のソフォクレス(Sophokles, 496?~BC406)作『アンティゴネー』の中にある「人間讃歌」に見いだすことができる。その冒頭には「不思議なものは数あるうちに、人間以上に不思議なものはない。波白《しら》く海原をさえ、吹き荒れる南風《はえ》を凌いで渡ってゆくもの、四辺に轟く高いうねりも乗り越えて」と歌われている。ソフォクレスは人間の不思議さが航海術を身につけていること、さらに耕作術、狩猟術、家畜馴教の術、言語と知恵、また武器と数えあげている。このように語ってから人間がどうしてものり越えることのできない限界を語り、人間として歩むべき道を教示して言う、「ただひとつ、求め得ないのは、死を逃れる道、難病を癒す手段は工夫し出したが」と。人間は有限である。それゆえに多くの悲劇が起こってこざるを得ない。それゆえ次のように警告されている。

その方策の巧みさは、まったく思いも、
寄らないほど、時には悪へ、時には善へと人を導く。

国の掟をあがめ尊び、神々に誓った正義を守ってゆくのは、
栄える国民。また向う見ずにも、よからぬ企みに
与するときは、国を亡ぼす。かようなことを働く者が、
けっしてわたしの仲間にないよう、その考えにもひかされないよう。（呉　茂一訳）

人間はその技術文明のゆえに偉大である。しかしそれでも死を免れない有限な存在であり、ほっておくと悪をしがちである。だから、国法とか神法とかが必要になってくる。これをも無視するとき、人間は悲劇を招いてしまう。ソフォクレスは人間の偉大さから出発していって、終わりは人間の悲劇的ありさまにまで至っている。

さて、聖書のなかでもわたしたちは数多くの不思議なものに出会っている。旧約の最大の人物であるモーセは不思議な業を演出するマジシャンのように思われがちであるが、彼自身もあるときホレブの山にでかけていき、不思議な光景を目にしたのであった。それは小さな雑木である柴が燃えているのに、柴は燃え尽きない、という不思議な出来事である。また、そのとき出会った不思議な存在である神にその名前を聞くと、答えもまた不思議なものであり、「わたしはありてあるものである」（I am who I am）と言うのであった。その意味は「わた

しはあなたと共にいる」という意味である。わたしたちの側では神を少しも感じていないのに、神がわたしたちと共にいるというのに優る不思議はない。ただ、無神論者だけがこれをはなから否定しているのであって、ドストエフスキイの『カラマゾフの兄弟』に出てくる無神論者でニヒリストのイワンは「不思議なのは人間が神を思いついたことだ」とおかしなことを語っている。確かにそうかもしれない。しかし、もっと不思議なことは「わたしはあなたと共にいる」と語りかけてくる存在に出会うことではなかろうか。現実にはわたしたちは語りかけている神が現に存在しているのに、その事実を知らないでいるといえよう。こうした経験をアウグスティヌスは『告白録』に中で「あなたはわたしと共におられたのに、わたしはあなたと共にいなかった」(Mecum eras, et tecum non eram. Conf., X, 27, 28.) という表現によって美しく述べている。

詩編第8編ではエジプトにいたとき奴隷であったイスラエルの民を憐れみ心にかけた神がいまなお、宇宙の巨大なる存在と較べると極微の存在である弱い人を顧み、人を心にかけたもうことが、不思議に思われると歌っている。

あなたの指の業なる天、

あなたの創《つく》り給うた月と星を見ると
あなたが弱き人を顧み
人を心にかけ給うことが
不思議に想《おも》われる。
あなたは人を天使たちよりも少し低くつくり
光栄と尊きとを人にこうむらせ
人をしてあなたのみ手の業を支配させ
その足もとにすべてのものを置き給うた。　　(関根正雄訳)

詩人はたぶん夕暮どき、人間界の喧騒から離れて、大自然が人間にその全貌を現わしてくるころ、心を静めて自然に立ち向かい、しだいに目を上にあげてゆき、月と星とをちりばめた天を見つめ、天地を創造された神に「あなた」といって呼びかけている。詩人はこの大自然のなかで人間とはいったい何であるのかと心に問うたのである。ここに人間を天使に近いものとみる人間讃歌が歌われていると考えられる。しかし、ここで「不思議なもの」は人間ではなく、神である。そして、このような弱い者を顧みる神の姿はイエス・キリストにおいて明らかに示されている。詩編の詩人は人間の卑小さから出発していって、神の顧みのゆえに偉大であるとの結論に到達している。その方向はソフォクレスとは正反対となっている。

だれしも学生時代には人生に対する過大な欲求に巻き込まれて、どうしてよいか分からない日々の連続ではなかろうか。そのときは人間の偉大さから出発していったソフォクレスの「不思議なもの」を考えるべきである。またその反対に自己の卑小さに苦んでいるならば、詩編の詩人が「不思議なもの」として神を賛美していることを想起すべきである。だれしもこのような悩みを懐いて歩んでいるのであって、そこには例外はないのである。なぜなら悩みは人間の特質であるから。しかし、わたしたちの予想に反して「不思議なもの」に直面し、いつのまにか一つの道が示されると、そこにわたしたちを顧みる神の手を感ぜざるをえない。この「不思議なもの」に導かれてわたしはこれまで歩んできたし、あなたがたにもそのように歩んでもらいたいと痛感している。このように導かれる歩みこそ人の予想を超える人生の豊かさであるといえよう。

4　眠りから覚めるべきとき

あなたがたは今がどんな時であるかを知っています。あなたがたが眠りから覚めるべき時が既に来ています。夜は更け、日は近づいた。だから闇の行いを脱ぎ捨てて光の武具を身に着けましょう。（ローマ13・11―12）

この言葉はあなたがたにどのように響いているのであろうか。今の時とは何か。旧約聖書の「コヘレトの言葉」に「全てのものに時がある」と語られているように、人生にはさまざまな時が到来してくる。それは人生の時間といえるであろう。たとえば入学と卒業、就職と結婚、定年と死などがそれである。時計の刻む音は物理的な時間である。自然にも時間があって、四季の交替がそれに属する。今は木々の美しい春である。人によっては今は非常に眠いと感じているかもしれない。「春は曙」といわれている一番素晴しいときを、眠って過ごすことがあって、実際「春眠、暁を覚えず」といわれている。こうしてわたしたちはいつのまにか「惰眠をむさぼる」ようにもなる。

わたしは最近ヨーロッパの民衆文化に関心をもつようになった。それは民衆の心の中に生き続けている生活に興味を引き付けられているからである。というのはすべての人がまだ文字を読めない頃、口伝えに語り継がれてきた「昔話」にはヨーロッパだけでなく、全世界に共通の人間観が見事に表現されているからである。「眠り」に関しても「眠れる森の美女」とか「いばら姫」ともいわれる昔話がいくつもあって、全世界に共通に認められる人間性を告げている。この昔話には「美女」や「姫」によって人間の心の有様が象徴的に示され、死と復活の出来事が物語られていると考えられるようになった。それは姫の一五歳のときに起こった出来事であるから、子供から乙女へと脱皮する過渡期に当っている。また眠っているあいだに生えてきた「茨」にしても単に「欲望」の象徴であるとは言えず、若い時代のとげとげしさを表すと同時にそれによって心が守られてきたとも言えるであろう。したがって「眠り」にしても「惰眠」とばかり考えられず、物語にある「百年」という途方もなく永い眠りのうちに内心がゆっくりと成長しているといえる。また、百年という年が経過すると、王子がやってきて王女にキスをする場面もとてもロマンティックで素晴しく、一定の時が来ると、すべては知らないうちに解決されるという人生の不思議を告知しているように思われてならない。

この昔話が青春時代に起こる「人生の脱皮」を物語っているとすると、先のパウロの言葉も「眠りから覚めるべき」脱皮の時を述べているから、そこには人生の共通の時間が流れているといえよう。パウロはこれまでの生活を顧みて、「闇の行いを脱ぎ捨てて」と語って、「脱皮」すべき決断の時を示している。美しい蝶も成虫となる以前はうじむしであった。わたしたちも過去を脱ぎ捨て脱皮することによって真実の自己となることができる。

実際、このパウロの言葉を読んだとき、そのように感じた先人がいた。アウグスティヌス（Aurelius Augustinus, 354 ~ 430）という古代末期の偉大なキリスト教の思想家がそれである。彼は『告白録』という有名な書物を書き、今日に至るまで多くに人によって愛読されているが、皆さんと同じ歳のころ、つまり大学生活をはじめた年令のころの記録を少し紹介してみよう。「わたしはカルタゴに来た。するとわたしのまわり至る所に、恥ずべき情事の大釜がふつふつと音を立てていた」とあって、「大釜」（サルタゴ）という言葉が修辞学的にカルタゴに掛けられている。彼の学生としての生活は愛欲と名誉心に駆られる世界に転落していき、恋愛・詩作・都会的洗練さ・世俗的な名声・学業成績などにわたって欲望をどこまでも追求するものであった。そこには「感性的エロース」の虜となる生き方が叙述されているのであるが、どんなにこれを追求しても心に満足が得られなかった。このような「虜となる生き方」は神の代わりに何かを絶対視して、それを偶像として立てるものであって、たとえば大学とかマイホームなどを究極目的とするとき、わたしたちの間でも容易に生じる事態である。彼は言う、「わたしの求めていたのは愛し愛されることであった」と。つまり恋愛である。しかし、これの「虜となる」とき恋愛が偶像となり、神を見捨てるという問題が生じてくる。だから彼は言う、「わたしはあなたを見捨て、不信の淵の奥底まで沈み、あなたから遠ざかるため、あなたの道ではなく、わたしの道を愛し、逃亡者の自由を愛しながら、ますますあなたから遠ざかった」と。だが、その間に神はどうしていたのであるかというと、「しかもあなたのあわれみは、わたしの頭上はるかに高く、真心をこめてかけめぐっていた」と彼は告白し、「あなたはわたしと共におられたのに、わたしはあなたと共にいなかった」と懺悔している。それゆえに彼は自分の心の状態を述べて、「わたしは内において内心の糧に、すなわちわたしの神よ、あなた自身に飢えていた」とあるように充実した生活は見いだされず、「わたしの生活はそのようなものであった。これは果たして生活であったであろうか」と告白している。

わたしたちの心は絶えず成長しているのではないであろうか。若いあなた方も老人であるわたしも。心の働きの中でも感性と理性は努力によっては開発されやすいが、内心の奥底にある霊性は深い眠りの内にあって、少しずつ成長しているように思われる。霊性は教育によって開発されるよりも、眠っていたものが目覚めるという仕方でその働きを開始するといえよう。感性と理性だけでは人間の全体が働いているとはいえないし、霊性の導きによって感性も理性も真の方向が与えられるといえよう。

今、青年として最も大切なのは自己自身を知って、人生の目標を定めることである。大学への入学という目標を実現した新入生の皆さんは、これから何をすべきか分からないと感じているかも知れない。勉強や研究に意欲を感じないで、苦しんでいるのかも知れない。そういうとき日本人によく見られる態度は、不幸の原因を外側の外面的な状況に転嫁して、その所為《せい》にしてしまうことである。そこで例の「もし」という仮設がはびこって来る。もし別の大学に入っていたならば、もしあの友人と一緒ならば、両親がもし金持ちであるならば、もしもう少し健康であるならば、もっとましな才能を授かっているならば、と「もし」を連発する。このようなつぶやきがもたらす結論といえばいつも同じであって、今のままでは何をしてよいか分からない、だから眠ることにしようとうそぶく。

だが、本当の問題はあなたがたの内心にある。それゆえ聖書「あなたがたが眠りから覚めるべき時がすでにきている」と語りかけている。

あの昔話に出てきていた王女は内心であり、王子は神の独り子キリストなのです。キリストはわたしたちの心に「あなたがたが眠りから覚めるべき時がすでにきている」と語りかけ、起きて立ち上がり、共に歩こうと呼びかけている。このキリスト・イエスを知ることに増して大きな喜びはないといえよう。

5　富める青年（マルコ10・2―22）

イエスは彼を見つめ慈しんで言われた。「あなたに欠けているものが一つある。行って持っている物を売り払い、貧しい人々に施しなさい。そうすれば、天に宝を積むようになる。それから、わたしに従いなさい」と。

聖書には幼子と同様に「青年」が登場することは少ないが、マルコ福音書には幼子たちに続いて青年を、しかも富める青年を登場させている。イエスは自分のところにつれてこられた幼子たちを祝福され、「幼子のように神の国を受け入れる」ように勧められたが、青年に対しては「無一物になって」イエスに従うように要請された。

ここに語られている青年はどんな人であったであろうか。彼は神の戒めを「小さい時から守っています」と答えているように、道徳的にはまじめで知的にも熱心に探求している模範的な好青年であった。だからイエスは彼を愛していた。この出会いについて考えてみたい。

わたしは教師として毎日のように若い人たちと触れている。まじめに生活し、勤勉に学ぶ若い人たちには、とてもすばらしい魅力が横溢《おういつ》している。真剣な眼差し、燃えるような探求心、しっかりとした論理的な話し方、物事への繊細な感受性、堅固な意志——こうした青年の姿は実に美しいものであって、貴い宝のように感じられる。このような学生がよい成績を収めて、社会に出ていくことを見守ることが教師の任務であって、勤勉な学生が優秀な成績を収めるのは当然である。わたしたちもイエスのようにこのような富める青年に「目をとめ、いつくしむ」気持ちをもっている。

ヨーロッパの歴史と思想の歩みを研究していると、勤勉な人たちがよい成績を収め、裕福になっていくことがしばしば起こり、さらにそこから色々な問題も生じてくる。古代においてキリスト教は社会の最低の層である奴隷階級に浸透していったが、やがて勤勉に仕事に励むようになって金持ち階級も出てくるようになった。そこで古代の思想家クレメンスは『救われる富者とは誰のことか』という書物を書かなければならないと感じるようになった。中世でも「祈り働け」とのスローガンのもと修道院は次第に裕福となり、改革の必要が何度も出てきた。16世紀のプロテスタント教会の信徒たちは勤勉と節制によってその意に反して富める者とならざるを得なかった。しかし、このように富が増すところには信仰の生命が枯渇していくようになってくる。

一般の人たちの考えによると富んでいる人は神に祝福されている人たちなのである。だからイエスが「富んでいる者が神の国にはいるよりは、らくだが針の穴を通る方が、もっとやさしい」（同10・25）と言うと、弟子たちは驚いてしまって、「それでは、だれが救われることができるのであろうか」と質問を発している。

当時の人たちにしても、現代人にとっても、勤勉に働いて、しかも倹約をすれば、富は次第に増し加わり、貧困のどん底にあえいでいる状態から救われると考えられる。ここには因果応報的な考え、つまり倫理と救済との比例的な対応関係が見出される。そこには計算的な合理的な見方が認められる。

ところがイエスは富める青年に向かって全財産の放棄を要請する。イエスは全財産の放棄を救いの条件としたのであろうか。近代の初めにドイツ農民戦争を指導したトーマス・ミュンツアー（Thomas Müntzer, 1489~1525）はそのように理解し、全財産の放棄を千年王国の説と結びつけて社会革命のプログラムを造った。

イエスは青年の外見よりも、その心を見ている。富める青年は「永遠の生命」を求めていた。たくさんの財産があり、何の不自由も将来の生活に対する心配もないのに心に不満が感じられた。心の充実は物質的な富でもって満たすことができない。身体的な飢えは食物でもって満たすことができる。それは「満腹」であるが、心の充実とは全く異質である。それは知的な満足とも違っている。なぜなら「充実」というのは心の中心である人格のあり方に関わっているから。彼が求めた永遠の生命は、全財産の放棄が求められるほどに優れた高価なのものである。

わたしは若いとき叔父の家に養子となっていた。その家業を継ぐべく経済学の勉強に励んだが、わたしがキリスト教徒となり、哲学に凝って家業に役立たなくなると、養子縁組を解消された。その当時、今日でも同様、哲学を勉強する者には就職は全く開かれていなかった。こうしてキリスト教と哲学への回心は全財産の放棄を意味した。それでもわたしは自分の内心の欲求に従わざるをえなかった。またわたしは老人となってから心筋梗塞で倒れ、手術をして一命は取り留めたが、これまでのような健康を失ってしまった。この損失は全財産の放棄にも等しかった。ところがイエスは富める青年に「目をとめ、いつくしんだ」ように、わたしに心の状態を診断してくれる。多くの外国語では「心臓」は同時に「心」を意味する。身体が健康でも心が病んでいると、イエス・キリストは医者として関わってくれる。それゆえ、わたしたちは身体の健康と同時に心の健康、霊的な健康にも留意すべきである。

6　イエスと悪鬼に憑かれた男（マルコ5・1―10）

一行は、湖の向こう岸にあるゲラサ人の地方に着いた。イエスが舟から上がられるとすぐに、汚れた霊に取りつかれた人が墓場からやって来た。この人は墓場を住まいとしており、もはやだれも、鎖を用いてさえつなぎとめておくことはできなかった。これまでにも度々足枷や鎖で縛られたが、鎖は引きちぎり足枷は砕いてしまい、だれも彼を縛っておくことはできなかったのである。彼は昼も夜も墓場や山で叫んだり、石で自分を打ちたたいたりしていた。イエスを遠くから見ると、走り寄ってひれ伏し、大声で叫んだ。「いと高き神の子イエス、かまわないでくれ。後生だから、苦しめないでほしい。」イエスが、「汚れた霊、この人から出て行け」と言われたからである。そこで、イエスが、「名は何というのか」とお尋ねになると、「名はレギオン。大勢だから」と言った。そして、自分たちをこの地方から追い出さないようにと、イエスにしきりに願った。

イエスと出会った人びとは、イエスをキリストと告白する経験を伝えている。この経験にはイエスの人格の秘密と神の意志の内奥《ないおう》が啓示されている。驚くべきことに、この事情は悪鬼に取り憑《つ》かれた男でも同じである。したがってイエスとの出会いには日常の経験を超える永遠的な意味をもつような霊的な出来事が生起している。イエスとの出会いは永遠者なる神との大いなる邂逅《かいこう》にまで人びとを導いてゆくのである。

人間が何かの霊力に取り憑かれている有様はどこででも見いだされる。わたしたちは自分の理性によっては制御できない或る力によって導かれている。仕事に熱心な人には勤勉の霊が、政治的野心に燃えている人には権力志向の霊が、お金を蓄えている人にはマモン（財神）の霊が、女性を求める人にはドン・ファンの霊が乗りうつっている。この悪鬼の支配に対決するのがイエスであり、イエスと共にある者は自己の欲望を根城にして猛威を振るう悪鬼を滅ぼし、イエスと共なる生き方である神の国に導かれる。これこそイエスの霊に従う生活であり、聖霊の導きの下なる新生にほかならない。

まず悪霊につかれた人とイエスとの出会いを考えてみたい。そこには奇跡物語が展開するが、ここでは二人の出会いについてだけ注目したい。霊に憑《つ》かれた人はイエスに対して「いと高き神の子のイエス、後生だから、苦しめないでほしい」と言う。悪しき霊の特色は「放っておいてください」と言っているように、他者との関係を断ち切って、自分自身の内に閉鎖的にとじこもり、高慢になって自己を絶対視し、狂気のごとく振舞っているところにある。聖書はその様子を墓場を住居とし、鎖を引きちぎって、昼夜たえまなく叫びまわっていたと語る。イエスは他者のため、隣人のために一身を献げた人である。この点でイエスはサタンと決定的に対立する。イエスと共にある生き方は、他者に対し心を開いて交わりを生きぬく姿勢である。イエスとの交わりの中にあることによって今までの生き方に終止符がうたれ、全く他なる生活への転換が生じる。レギオンと言われた人にもこの出来事が生じた。イエスに対する正しい態度はこのレギオンと呼ばれていた人のように「イエスと共にあること」(同18節)なのである。この出来事はイエスによる交わりへの意志と交わりを拒否していた者が交わりの中に生き返ったことであり、それは神の国が形をとってイエスと彼の間に実現したことである。

人間の心には悪霊が住みつくことができるし、イエスがそれを追放して神の国に導き入れられることもできる。わたしたちはここに霊性の受容機能を看取することができる。悪霊との関係で明瞭となるのは、人間の心には「ものの虜となる」という特質、受動的な心の機能があって、これが霊性の特質となっている。心はその霊性において諸々の悪霊の虜（奴隷）となることも、神の霊によって新生し、神の子どもともなることもできる。

この「神の国」は強調点のおき方で二つの側面が照らしだされる。

第一は「神の」という超越的な上からの局面である。この契機はイエスが神の名称として多く用いた「天の父」と関連している。「天」は神の超越性を、地に対し「まったく他なる」存在を端的に示す。天の高みにいます神は「イスラエルの聖者」とも呼ばれ、審判する、畏怖すべき存在でありながら、同時に「父」という慈愛と恩恵に満ちてる姿をとる。

第二の側面は「国」という地上の支配形態である。イエスは旧約以来説かれて来た神の王的支配の実現を自己の神の国思想の内実とみなした。それは神と人との仲立ちなる彼を中心にする交わりの中に形をとって出現している。この交わりは生ける事実であって、イエスとの邂逅《かいこう》を通して、しかも悔い改めと信仰によって参入することがゆるされる。だから、そこには実践的にのみ理解が開かれてくる間－人格的な（inter-personal）真理があるといえよう。

7　ぶどう園の労働者　（マタイ20・12―16）

「最後に来たこの連中は、一時間しか働きませんでした。まる一日、暑い中を辛抱して働いたわたしたちと、この連中とを同じ扱いにするとは」。……「わたしはこの最後の者にも、あなたと同じように支払ってやりたいのだ。自分のものを自分のしたいようにしては、いけないか」。

イエスの説教には「物語」や「たとえ話」が多く含まれている。放蕩息子、サマリア人、ぶどう園の労働者、失われた羊と貨幣、邪悪な農夫、ずるがしこい家令などはよく知られている。この「ぶどう園の労働者たちの物語」は「天国」についての譬え話であって、「神の国」の消息をわたしたちに伝えている。

わたしはぶどう畑の手入れを手伝ったことがある。どうしたらよいのか分からなかったので、農家の人に指導を請うた。その人はまず葡萄の実っていない枝を切り取って、葡萄が実っている枝を残しなさい、と言った。このことは驚くべきことにイエスの言葉「わたしにつながっている枝で実を結ばないものは、父がすべてこれをとりのぞき、実を結ぶものは、もっと豊かに実らせるために、手入れしてこれをきれいにしてくださる」(ヨハネ15・2)と一致していた。とても外見が立派にみえても、実のなっていない枝は剪定《せんてい》されてしまう。それゆえ外見上の麗しさや豊かさは厳しく退けられねばならない。よく実ったぶどうは、通常、親木の近くの小さな枝に鈴なりになっているのが見られる。これを見て、わたしは「枝がぶどうの木に繋がっていなければ実を結ぶことができない」(同15・4)というイエスの言葉の意味が納得できた。

次に物語では労働者は朝と昼と三時に招集され、最後には五時にも雇われた。これも初めはよく理解できなかったが、実際に労働してみると、労働者がこのように招集されたのも当然であると感じた。というのはぶどうの手入れが必要なときは、収穫の前の真夏であって、労働に適した時間帯は朝の二時間と夕方の二時間であるからである。だからぶどう園の主人がこのような仕方で労働者を雇ったのも当然のことであった。

そこで朝早く一日の労働に対し一デナリオンの賃金を払うという契約で労働者を雇った主人は、十二時頃にも、また三時と五時頃にも同様な仕方で労働者を雇ったが、驚くことに最後に雇った人から順々に賃金を支払うように命じた。最初の人々が「最後に来たこの連中は、一時間しか働きませんでした。まる一日、暑い中を辛抱して働いたわたしたちと、この連中とを同じ扱いにするとは」。主人は、……「わたしはこの最後の者にも、あなたと同じように支払ってやりたいのだ。自分のものを自分のしたいようにしては、いけないのか」と答えた。この物語が何を言おうとしているかは、これとよく似ている次のラビの物語と比較すると、理解できる。

「ある王が多くの労働者を雇った。……そのうちの一人は、勤勉さでも熟練度においてもきわだっていたので、王は手をとって彼とともにあちらこちらを歩き回った。夕方になって、労働者たちが賃金を受け取るためにやって来た。その熟練した労働者もその中の一人であった。王は彼らに同じ賃金を支払った。一日中働いた者たちは、咳やいて言った。わたしたちは一日中働いたのに、この男はたった二時間だけで、一日分の賃金をもらうとは」。

二つの物語を比較すると、両者はよく似ていても、その相違点もまた明らかである。二時間の熟練労働者の価値は一日の一般労働者に等しいという理解が後者の物語にはあって、合理化された内容となっており、すぐれた功績に対する高い報酬が与えられると語られている。これに対しイエスの物語はまさにこの合理的な理解を全面的に否定し、神は人の功績にもとづいて報わず、ご自身の豊かな愛から無償で罪人に恵みをほどこすことが示される。実際、無償の神の愛という無限の豊かさに対し、日当の賃金デナリオンの半分とか十二分の一とかを短時間労働者に支払うとしたら、そこにある合理的な計算は全く妥当せず、むしろ冒瀆となってしまう。

だが、もし主人の畑で労働すること自体が楽しいとしたら、労働そのものに意味があって、誰も労賃など請求したりはしないであろう。主のぶどう園で働くこと自体が充分な報いとなるから。そこには主のそば近くあって、そのお考えに一致して働くことには無限に豊かな幸福が伴われる。それは金銭とは比較できない、何ものとも代え難い至福である。至福はその質の高さのゆえに賃金の何分の一というような計算を排斥する。ぶどう園で働いた労働者はたとえ短時間の労働であっても、この至福を感じ取っている。もし至福の喜びがデナリオンの内容であるならば、「あとの者は先になり、先の者はあとになるであろう」（マタイ20・16）ということも充分にありうる。

わたしたちもこのようなぶどう園で働く労働者でありたい。ぶどう園というのは「神の国」であり、詩編作者は「主の大庭」であると考えて、次のように歌っている。

万軍の主よ、あなたのすまいはいかに麗しいことでしょう。
わが魂は絶えいるばかりに主の大庭を慕い、
わが心とわが身は生ける神にむかって喜び歌います。（84・1―2　口語訳）

8　種まきの譬話　（マルコ4・3―8）

よく聞きなさい。種を蒔く人が種蒔きに出て行った。蒔いている間に、ある種は道端に落ち、鳥が来て食べてしまった。ほかの種は、石だらけで土の少ない所に落ち、そこは土が浅いのですぐ芽を出した。しかし、日が昇ると焼けて、根がないために枯れてしまった。ほかの種は茨の中に落ちた。すると茨が伸びて覆いふさいだので、実を結ばなかった。また、ほかの種は良い土地に落ち、芽生え、育って実を結び、あるものは三十倍、あるものは六十倍、あるものは百倍にもなった。

イエスは「神の国」についてしばしば譬えを用いて語った。この譬え話はその代表的なものである。イエスとともに開始した神の王的支配は当時の人びとの予想した政治的形態ではなく、むしろ現世には深く隠された現実であった。そこで彼はこれを告知するために譬え話を使用しなければならなかった。

譬えは比喩と違っている。両者とも日常周知の材料をもってある種の超越的な現実を物語る方法であるが、前者では比較して物語られている内容が一点に集中しているのに、後者では対応が全体におよんでいる。この種まきの話では種まきから収穫にいたる出来事と、イエスの宣教から神の国の到来にいたる出来事との関連が語られる。人によってはこの物語は「種が蒔かれる畑の物語」であると考える。続いて福音書記者も比喩的解釈を行っているところを見ても、そうであると説かれる。しかし、たとえ福音書記者がそう説いたとしても譬えは譬えとして理解すべきである。

まず「聞きなさい」とイエスは語りはじめ、不思議なわざをなしたもう神とその支配の現実へと人びとの注意を向け、この現実に彼らの目を開き、神の国運動に参加するようにと決断を迫る。この種まきの話は民衆にもわかりやすい通俗的素材からできている。朝に露が下りて植物がすばやく成長する有様はパレスチナの風土では自明のことである。また「よい地」があたかも例外のように描かれているのも砂漠地帯では当然であろう。そうはいってもこの話でもっとも理解しがたいところは、種が三回も蒔かれて、それがことごとく失敗し、四回目にやっと成功し、収穫にいたったという、一般常識に反した異常な経過である。パレスチナの農業で四分の三が失敗で不作であるというのは、どうみても異常なことにちがいない。だが、まさにこの異常性こそ聞く者に注意を喚起し、神の行為の不可解さと神の国の隠れたる現実を理解するように招いている。

これはおかしいと誰もが考えるであろう。そんなことはパレスチナの農業ではあり得ない異常な事態であって、どうみても失敗であったとしか考えられない。ところで、ここで語られている種というのは神の言葉であると後に説明されている。そうすると、この譬えでは神の国の宣教というイエスの事業が外面的に観察すると失敗であることが語られていることになる。確かに、外面的に観察するかぎり、イエスの宣教活動は失敗であった。しかし、それは内面的に見ると決して失敗とはいえなかったのだ。なぜなら「わたしの国はこの世のものではない」とイエスがローマの総督ピラトの前ではっきりと言明しているからである。神の国はこの世には隠されたものである。

そこで外面的には失敗であったイエスの宣教活動についてもう一度考えてみよう。いちばん驚かされるのは農夫が三回の失敗を補うように、通常よりも三倍の収穫を上げたのであろうか。そうではない。驚くべきことに収穫が二倍とか三倍どころか「三十倍」「六十倍」「百倍」になったものがあると記されている。こんなことは絶対にあり得ないことであって、これを聞いた人は唖然とするでしょう。もう馬鹿らしくて聞いていられないというのが人々の反応であったと推測される。

種まきに失敗した人は最期によい地に種を蒔いて、三回の失敗を挽回すべく四倍の収穫を上げたのであったなら、納得のいく話である。ところが、それどころではないのである。実際、聖書は三十倍、六十倍、百倍の収穫があったと語っている。驚くべき収穫ではないであろうか。これはどのように説明されることができるであろうか。

人間の心の深層には「霊」の作用、つまり「霊性」が働いていると聖書では説かれている。ルターはユダヤ教の神殿の比喩を使ってこの霊を「至聖所」と呼んだ。同じように鈴木大拙は霊性を「奥の院」と呼んでいる。わたしたちの心の奥底には神の言葉を受け取って、それを受容する働きが備わっている。それは信仰の作用であるといえよう。わたしたちは信仰によって天国の「隠された宝」を受容することができるが、その際、この器は「宝」を受容すると驚くことには思いもよらない収穫や成果をもたらすことがしばしば起こすことがある。それは奇跡としか表現できない事態である。そこには「三十倍、六十倍、百倍の収穫」が知らないうちにもたらされるといえよう。

このような器である霊がわたしたちには生まれながら備っている。この霊に神が働きかけると、霊性が創造的な働きを発揮することが起こる。それゆえ若いときには内心に潜んでいる霊に目を向け、心田《しんでん》を耕し、深いところまで掘り下げ、思想の種を蒔くならば、やがて大きな収穫を納めようになるであろう。

9　ともしびの譬え（ルカ8・16―18）

だれも灯りをともして、それを何かの器でおおいかぶせたり、寝台の下に置いたりしない。燭台の上に置いて、入ってくる人たちに光が見えるようにするのである。

ともしびの譬えはイエスの譬話の中では真に短いものであり、ルカはこの箇所のほかに11章23節でも繰り返して用いている。そこでは穴蔵と升とがともしびを覆うものとして追加される。ルカはともしびが家に中に入ってくる人たちを照らすように燭台の上に置かれると言う。ところがマタイはこの譬えをどのように用いているかを明らかに追記し、マルコやルカとは違った意義をそれに与える。すなわち「そのように、あなたがたの光を人々の前に輝かし、そして人々があなたがたのよい行いを見て、天にいますあなたがたの父をあがめるようにしなさい」（マタイ5・16）と言う。したがってともしびの光はキリスト者の善いわざによる神の栄光を表すことを意味する。他方、マルコは譬えの中にある隠す行為の説明としてこの譬えを用いる。「なんでも隠されているもので現われないものはない」（マルコ4・22）とあるように、神の国の真理はイエスの在世中は隠されていたが、それは燭台の上のともしびのように世界中に明らかにされると言う。これはマルコの「隠されたメシア」思想を表明している。同様にルカもこれに従い（8・16以下参照）、さらに彼は「しるしを求めている邪悪な時代」にあってヨナやソロモンの知恵にまさる「自明の真理」は、証明やしるしを必要としないほど光り輝いている真理である（11・29以下参照）、と説く。

このように福音書記者はこの譬えを自分の思想のためにさまざまな角度から用いる。だが伝承の最初の段階ではこの譬えは特別な思想的な関連をもたずに伝承されてきたであろう。そこで、この譬えを福音書記者の神学から切り離して、それ自体で有する意味を考えてみたい。

この譬えは実はともしびを覆い隠す愚かな行為を述べている。それは神の国を人々の前に閉ざし、自分も他人も神の国に入らせない愚かさを物語っている。当時の家屋は小さなワンルーム形式のもので、家全体を照らしている灯りを隠すものは寝台の下や升しかなかった。イエスは律法学者やファリサイ派の人々の言行の中に光を隠す愚行を洞察し、この譬えを用いたと思われる。それは「偽善なる律法学者、ファリサイ派の人たちよ。あなたがたは、わざわいである。あなたがたは天国を閉ざして人々を入らせない。自分も入らないし、入ろうとする人を入らせもしない」（マタイ23・13）との言葉でもって明らかである。

それでは神の国を閉ざさないようにするにはどうしたよいのか。イエスは言う、「だから、どう聞くかに注意するがよい」（ルカ8・18）と。「どう聞くか」というのは「聞き違えてはいけない」という意味であり、パウロが「信仰は聞くによる」（ロマ10・17）と語っているように、神の語りかけに耳を傾けなくては信仰は起こってこない。さらに耳を傾けるためには、沈黙しなければならない。「聞く」ためには自己の発言を抑え、自分を空《から》にしなければ、他者の言葉を内に聞き入れることはできない。この意味で自分が富んでいる者は、他者の言葉を聞き入れず、自分だけで満足している。イエスが貧しい者たちが幸福であると言ったのは、イエスとの交わりに入る前提条件を提示しているのであって、貧しいことが幸福なのではなく、貧しさによってイエスとの交わりに参加し、福音を聞くことが可能となるからである。したがって自己のうちに閉じ籠もっている者は原則的に聞くことができない。わたしたちは自我を肥大化することによって、神からくる光を遮蔽《しゃへい》する。ともしびを覆っているのはこの肥大化した自我のことを言っているのではなかろうか。

そこでわたしたちは真に聞く態度を身につけなければならない。単に「聞き置く」というのでは真に聞くことにはならない。他者の言葉を受容し、聞き入れ、自己が変化し、改造されるように聞かなければならない。この受容的な聞き方は生活の方向転換である「悔い改め」を引き起こす。福音に生きる者はイエスの言葉に聴従するが、そこには必然的に自分中心の生活からの転換が伴われる。確かに自分の努力・才能や資質・財産などは確かに生活に役立っていても、それは小さな光にすぎない。それに反し福音は大いなる光である。問題は小さな光がこの大いなる光を遮蔽してはならないということである。近代の自我が光であっても、それが大いなる光を遮蔽して、神の蝕《しょく》を引き起こすと、地上は真っ暗になってしまう。

イエスは「あなたがたは世の光である。山の上にある町は隠れることができない」（マタイ5・14）と言う。この言葉はイエスとの関係から切り離されると、不可解となる。その意味は「あなたがたは大いなる光を受け入れて、世に輝く光となつている」ということである。人間の弱い光りはたとえ輝いたところで射程も短く、すぐにも消えてしまう。ところが自己の闇を自覚し、口を閉ざして沈黙し、他者の声を真に聞くことのできる人は、大いなる光を受容し、この光の伝達者となっている。

10　マルタとマリア（ルカ10・38―42）

主はお答えになった。「マルタ、マルタ、あなたは多くのことに思い悩み、心を乱している。しかし、必要なことはただ一つだけである。マリアは良い方を選んだ。それを取り上げてはならない」。

四年前に次女が誕生した翌日の復活節礼拝において、わたしはマルタとマリアについて説教した。わたしは一般的な見解に逆らってマリアよりもマルタを高く評価した。そのためにまだ名前をつけていなかった次女の名をマルタとしたらどうかと提案する友人まで出てきたが、礼拝後の会合で「必要なことはただ一つだけ」を求めるよう祈った方もあって、わたしも自分の考えの問題性を自覚したのであった。そこで再度このことを問題にしてみたい。

まずわたしはルカ福音書10章にある「良いサマリア人」の例話でイエスが隣人の概念を変革したこと、すなわち「だれが強盗に襲われて人の友になったと思うか」と語って主体的に隣人となる行為を説いた点がマルタとマリアの物語の中に何らかの形で残っていないかどうか、少なくとも日常的な理解を越える意味が見いだされないかどうかと考えた。

この出来事の中心は「良いサマリア人」と同様にイエス御自身であって、問題点は「愛の奉仕」である。「主よ、わたしの姉妹はわたしにだけもてなしをさせていますが、何ともお思いになりませんか」（10・40）というマルタの質問は、彼女自身の苦労のことを考えての発言ではなく、イエスの客人として受けるべき当然の権利のことを考えての発言であろう。愛の奉仕のいたらなさに苦しむマルタに対し、イエスは自分も「人々に奉仕し、自己の命を与えるためにきた」（マタイ20・28）がゆえに、マリアがしているようにイエスに聴き、その愛の奉仕を受け入れる人のことも理解して欲しいと語っている。自己献身的なる愛の奉仕の中にイエスの隠された御姿、奉仕する僕《しもべ》としての秘密が告知されている。愛の秘密が告知されている点にこの物語の意味がある。

だからこそイエスは「マルタよ、マルタよ」と親しく呼びかけて、自分を夕食に招き、神の預言者にふさわしく接待しようと心くだく彼女の愛に対して感謝と共感を表明している。愛の奉仕において、両者の間には神と人との質的相違があっても、なお同じ心の共鳴が響き渡っている。

ところでルカ福音書では金持ちと貧乏人ラザロの対比に示されるような現在の財に対する見方がこの物語に付着し、マルタ的人間とマリア的人間の対比となって物語が著しく人間化されて捉えられることが起こる。そこから両者の性格の相違について論じ、人生論が展開し、極端なものになるとイエスがマルタを非難し、マリアを称賛しているかのように説かれてきた。

わたしはこの物語でのイエスの説話はマリアとマルタとの姉妹の対比にあるのではなく、イエスとマルタとの間における愛の秘儀についての理解にあると思う。教会はイエスをかしらとする霊的共同体であるがゆえに、マリアもマルタも含むが、教会の宣教のわざは愛の奉仕であるから、マリアよりもマルタのほうを強調してきた。マルタはイエスの愛の秘儀を知ることによって、その愛を受けるマリアになるのではなくて、まさにマリアをも知るマルタになるのである。

教会史家ハルナックも教会はマリアではなくマルタであることの自覚のもとに宣教活動に従事してきたと言う。たとえばドイツ神秘主義の代表者マイスター・エックハルト(Meister Eckhart, c.1260 ~ c.1328)はマリアの中に神との観照的合一の神秘による歓喜と甘美な陶酔に心魂を奪われて耽溺している様を見てとり、「マリアは(成熟せる)マリアと成る前に先ず(このような）マルタと成らなければならない」と言う。だから真の神秘主義者たる者は神秘の脱我の境地に安んじ、そこに止まるのではなく、徳の実践において聖なる者となるのである。

「多くの人々は働くことから解放されるような境地に到りうることを願っている。わたしはあえて言うが、そのようなことはありえない。キリストの弟子たちは、聖霊を感得し終ってのち、初めて徳行を実現すべく働き出したのであった。それゆえマリアが主の足許に脆いていたときは、まだ彼女が学んでいた時であり、まだやっと学校に上って生活を学び始めた時である」

とエックハルトは語った。このエックハルトの行動的態度こそ東洋の純冥想的な静寂主義と決定的に対立するものであるとマックス・ヴェーバー（Max Weber, 1864～1920）は『宗教社会学』において力説している。さらに『西洋と東洋の神秘主義』の中でルドルフ・オットー（Rudolf Otto, 1869～1937）はエックハルトとシャンカラを比較研究し、同様の結論に達している。

要するにマリアを称賛しマルタを非難する信仰態度の中には信仰のエゴイズムとも言うべき恐るべき罪が巣くっている。もちろんマルタにも功績主義に流れる危険は一杯ある。しかし、わたしたち東洋人にとって宗教は老後のことであり、現世的行動と楽しみの失せた後、初めて真剣に取り組むべきものと考えられやすい。また、宗教は現世逃避的なわたし事になりさがり、無為なる静寂趣味になりがちである。

ところがマルタに象徴されるのは、信仰による現世へ向けられた活動的なる愛の奉仕である。このマルタの愛にイエスは共鳴し、自分の愛の秘儀を伝達されたのである。そしてこの愛をマリアが享受していることをも知るに及んで、マルタは益々愛の奉仕に自己を捧げて行くことになる。愛をめぐる態度の中にいろいろな価値が実現される。マリアのように愛を受容する体験価値のみならず、マルタのように愛を実践する創造価値がある。さらにイエスに明らかなように愛を身をもって証しする態度価値がある。このように愛の価値は三つに区別されうると思うが、神の愛の生命と支配の中に生きる喜びは、イエスをめぐる人々の中に今日まで変わらずに継続している。これこそ目立たないが本当に奇跡ではなかろうか。

11　霊と真理による礼拝　（ヨハネ4・24）

神を礼拝する者は、霊と真理をもって礼拝しなければならない。

わたしたちはヨハネが説く「霊と真理」との関係について学び直してみたい。
イエスがサマリアを通過して郷里のガリラヤへと旅をしたとき、シカルという村の近くにあった歴史上有名な「ヤコブの井戸」で彼は休息された。そこに一人のサマリアの女が人目を避けるようにひっそりとやって来た。弟子たちが食糧の調達に出かけたあとに、井戸端に座したイエスは渇きを覚え、水瓶を携えてきた女に当時のしきたりに逆らって「水を飲ませてください」と言って語りかけた。この対話は身体の渇きを癒す井戸の中を「流れる水」からはじまり、人々を生かす「生ける水」を経て「永遠の命に至る水」へ飛躍的に進展する。実際、ヤコブの井戸の水はしばらく渇きをいやすに過ぎないが、イエスが施す水は、どの人の中でも一つの泉となって、もはや渇きを覚えさせない。それは「命を与えるのは〈霊〉である。肉は何の役にも立たない」（ヨハネ6・63）とあるような「人を生かす霊」、つまり「霊水」である。この泉からは活ける霊水が湧き出て来て、そこに神の救いと永遠の命が「人を生かす真理」として啓示される。それでも女はどうしてもこれを理解することができない。「生きた水」とは何か不思議なものであるとぼんやり感じているに過ぎない。それがあればもう水汲みという女の労働から解放される、奇跡の水ぐらいに考える。彼女には奇跡とは日常生活を楽にしてくれる御利益をもたらすものに過ぎない。

ところでこのサマリヤ人の女は、町にも泉があるのに、町から遠く離れた、しかも「井戸の水は深い」（4・11）とあるように、汲み出すことが困難であった井戸になぜ現れたのか。彼女は実は不品行のゆえに評判のよくない女であった。イエスはやがて「行ってあなたの夫を連れてきなさい」と命じた。これによって女の夫との関係という「人と人」との親密な間柄から「神と人」との真実な関係に発展し、「真理と霊による礼拝」にまで進展していく。

イエスは彼女が心中深くいだく闇のような暗い生活に光の照射を与える。イエスは真剣ではあっても何かしら悩みを懐いた女性の中に何らかの問題を直観的に感じとり、唐突にも「夫を連れてきなさい」と問いかけた。この直観（推理によらず、直接的・瞬間的に、物事の本質をとらえること。）は対話の唯中で閃いたものに他ならない。突発的な飛躍と劇的な展開こそ対話的語りに付き物の特質である。この命令とともに女はその過去の暗い部分を指摘される。つまり彼女が五人の夫を以前もっていたが、今のは非合法な夫婦関係にあることを言い当てられたがために、イエスを先見者（予言者）として認識する。そこで彼女は予言者ならば神を礼拝する場所がゲリジム山の神殿か、それともエルサレムの神殿かという、当時の宗教上の大問題を持ち出す。これに対しイエスは礼拝すべき場所は地理に特定される山でも町でもなくて、「心の内なる霊の深み」において真理を求めて礼拝すべきことを告げる。「真の礼拝をする者たちが、霊と真理とをもって父を礼拝する時がくる。今がそのときである」（4・23）。

イエスの来臨とともにすでに到来している霊と真理による礼拝によってすべての祭儀が皮相的で不真実のものとして廃棄されている。「わたしは真理である」（14・6）と言われるイエスと対話する者には自己認識が呼び起こされる。わたしたちは真理の光の照明を受けて自分が気づいていない隠された暗闇の部分が照らしだされる。神の子イエスの前に対話的に係わるときにはこの真理の光を受けて「赤裸々な自己」の認識と告白が必然的に起こってくる。

そのときイエスは正しい神の礼拝の仕方を教える。「神は霊である。だから、神を礼拝する者は、霊と真理をもって礼拝しなければならない」（4・24）と。その意味は、神は霊であるから、人は霊において礼拝すべきであるということである。ところが人間の霊は、サマリアの女と同様に、ほとんどの場合、偽り・虚栄・貪欲・物欲・情欲・支配欲・金銭欲といったいわば七つの悪鬼（魑《ち》魅《み》魍《もう》魎《りょう》）によって支配され、醜くも汚染されている。それゆえわたしたちは真理であるイエスに導かれ自己認識によって神に対して徹底的に謙虚とならねばならない。

ここで「霊」が「真理」と一緒に用いられているのは人間の霊が真理の照明によって正しい自己認識に達し、謙虚になって霊の新生を求めるためである。それゆえ聖書は「打ち砕かれた霊」を恩恵を受ける不可欠の前提とみなしている（イザヤ書57・15；詩編51・19；ルカ1・47—48参照）。

したがって聖書によると霊は人に授けられた力であって、人を生かすのであるが、そのさい神の霊は真理をもって人間を照らし、正しい自己認識に導くと同時に偽りの祭儀・虚偽の宗教・神に敵対する諸々の霊力から人間を解放する。というのは生身の人間は自分を超えた諸々の霊力の餌食になっている場合が多いからである。こうして、すべてこの世の内なる、にせ物の、したがって不法の祭儀は神の子の派遣によって一挙に打ち破られたのである。

12　論理学者イエス（ルカ20・23―25）

イエスは彼らのたくらみを見抜いて言われた。「デナリオン銀貨を見せなさい。そこには、だれの肖像と銘があるか」。彼らが「皇帝のものです」と言うと、イエスは言われた。「それならば、皇帝のものは皇帝に、神のものは神に返しなさい」。

この箇所は一般には政教分離政策の原理を提示すると理解されている。確かにその通りであるが、そこには驚嘆に値するイエスの発言が隠されているように思われる。

論理学の誤謬《ごびゅう》推理の中に「多問の誤謬」というのがある。この誤謬は問いが二つ以上あるのに、誤って一つだけ問いが発せられることによって必然的に生じて来る。たとえば「君は怨恨《えんこん》から彼を殺そうとしたのか」と問われた場合を考えてみよう。この問いに対し「はい、そうです」と答えると殺害の意志は当然知られるのであるが、「いいえ、そうではありません」と答えても、怨恨からではないにしてもそこに殺害の意志があったことになり、「はい」

と答えても「いいえ」と答えても、いずれにしても殺害の意図のあったことが明瞭となる。これは言葉尻を捉えた巧みな論法である。だが、この論法は元来問いが二つあるのを一つにしているところから捏造《ねつぞう》された多問の誤謬である。まず、「君は彼を殺そうとしたか」が問われ、次いでその殺害の原因は「怨恨からか」と質問されなければならない。そうすれば言葉じりを捉えた論法にひっかかる危険はなくなるであろう。

先に引用文の前にある箇所を読んでいると律法学者や祭司長たちがイエスを捕える口実をえようとして言葉の罠に陥らせようとしている様子が記されている。「そこで、機会をねらっていた彼らは、正しい人を装う回し者を遣わし、イエスの言葉じりをとらえ、総督の支配と権威にイエスを渡そうとした。回し者らはイエスに尋ねた。「先生、わたしたちは、あなたがおっしゃることも、教えてくださることも正しく、また、えこひいきなしに、真理にもとづいて神の道を教えておられることを知っています。ところでわたしたちが皇帝に税金を納めるのは、律法に適っているでしょうか、適っていないでしょうか」と（ルカ20・20―22）。

この有名になった難問は先に述べたように多問の誤謬となっている。なぜなら、「はい、納めなさい」と答えるとローマの政治的支配に迎合する者として民衆の反発を買い、「いいえ、納めるべきではない」と答えると、ローマ帝国に背く大反逆罪に当ってしまうからである。イエスはこの問いに対していかなる態度をとられたのであろうか。ここに論理学者イエスの姿が浮かび上がってくる。

イエスは「税金を皇帝に納めるのは、律法に適っているでしょうか、適っていないでしょうか、カイザルに納めてよいか」という質問を二つに分けて、税金として納める貨幣がいかなる種類のものであるかを尋ね、その上で皇帝の貨幣は皇帝に納めたらよいと答えた。この回答は今日の政教分離の主張を示すものと一応考えられるが、当時の政治的対立からみると簡単に政教分離政策を説くものであったとは言えないであろう。むしろ切迫した政治上の対決を前にして「言葉じりをとらえたくらみ」であると聖書にしたがって考えるべきである。この点をイエスは見破って、多問の誤謬を解体したのである。すなわち、「税金を皇帝に納むべきか」の質問を「税金に使うこの貨幣はだれのためのものか」と「貨幣の種類に応じて正しく税金を納むべきではないのか」との二つの問いに解体している。この記事の終わりのところで聖書はイエスのこのすばらしい解答に対する人々の反応を次のように記している。「彼らは民衆の前でイエスの言葉じりをとらえることができず、その答えに驚いて黙ってしまった」（同26節）と。

わたしは律法学者でも祭司でも、その手下でもなく、一般教養として論理学の初歩を教えている者にすぎないが、このイエスの答えのすばらしさに民衆と同じく全く驚嘆してしまった。思考の学としての論理学は古代ギリシアにおいてはアリストテレスによって完成された人間的な知恵の書である。それは単なる人間的な知恵にすぎない。イエスは人の子として論理学を修得したとの記録はないが、彼が論理学者に優る知恵の持ち主であることに驚嘆するのはわたしばかりではないであろう。イエスは「蛇のように賢く、鳩のように素直になりなさい」（マタイ10・16）と弟子たちに語っておられたが、彼をとらえて皇帝の前に突き出そうとする「悪巧みの罠」に陥るのをみごとに克服した、その言論の鋭さが実によくここに示されていると思われる。

13　二つの愛の物語（ヨハネ13・34）

あなたがたに新しい戒めを与える。互いに愛し合いなさい。わたしがあなたがたを愛したように、あなたがたも互いに愛し合いなさい。（聖書協会共同訳）

聖書にはイエスが人々と対話している物語が数多く記されている。イエスとサマリアの女の物語をとりあげてみよう。それは当時政治的に対立していたサマリアを通過してイエスが郷里のガリラヤへと旅をしたとき、シカルという村にあった歴史上有名なヤコブの井戸にさしかかったときの物語である。彼は渇きを覚えたのでそこに瓶をもって水汲みにきていたサマリアの女に向かって当時のしきたりに逆らって、「水を飲ませてください」と語りかけている。イエスは彼女に向かって静にまた深く心にしみ入るように語りかけ、相手の応答を引き出している。対話は身体の渇きを癒す「水」からはじまり、「永遠の水」へと飛躍的に進展し、夫婦に見られるような親密な間柄から神と人との真実な人格的な関係という礼拝にまで発展する。こうしてユダヤ対サマリアといった政治的な共同体の対決とは全く異質な神と人との霊的な交わりの共同体にまで話しが進展していった。

この物語における対話の展開を追っていくとイエスは真剣ではあっても女性の中に何か通常でないものを感じ取り、「夫を連れてきなさい」と問いかけている。このような直観は対話の唯中でひらめいたものに他ならない。この質問に触れて女は自己の生活を反省し、自分が五人の夫を以前もっていたが、今のは非合法な関係であることを言い当てられるに及んで、彼女はイエスを予言者として認識するようになった。

この物語ではイエスが敵対関係にあったサマリア人に心を開いて積極的に対話している。すると相手はそれに応じて心を開き対話に参加してくる姿が生き生きと描き出されている。ここには聖書的なメッセージがあって、聖書で繰り返し語られているように、神がまずわたしたちを愛してくださり、わたしたちも神を愛するようになったという愛と応答愛との出来事が描かれている。イエスの行為が先行し、対話の関係が創始されて、救済が告げられる。ここで重要なのは「わたしがあなたがたを愛したように」というイエスの愛が先行していることであり、イエスとの交わりの中でわたしたちが愛を改造されることである。キリスト者はイエスとの交わりにおいて愛の人に造り変えられ、他者を愛する者となっている。そして究極においては敵をも愛する者にまで造り変えられていく。ここにキリスト教の「真実の愛」が実現する。

次に古代ギリシアのオヴィディウス作『変身物語』に展開する「ナルキッソスとエコー」の愛の物語に目を向けて見よう。ギリシアの哲人ゼノンは「人間は耳を二つもつが、口は一つしかないことを忘れるな」と語って、会話する際に重要なのは「語る」よりも「聞く」働きであり、人間は本性上「聞く」働きを二倍もそなえている点を指摘している。それゆえもし人がこの事実に反して、他者に聞くことなく、自分の主張だけを語り、相手を無視して自己主張に走るとしたら、どうなるであろうか。とくに自分の語ったことばの反響（エコー）だけしか聞かないとしたらどうなるのか。「ナルキッソスとエコー」の昔話こそこうした場合に生じる不幸の実体をみごとに物語っている。この物語はおおよそ次のようなものである。

予言者ティレシアスにより「自分を知らないでいれば」老年まで生きながらえると告げられたナルキッソスは、美少年であったため、多くの若者や娘たちが彼にいい寄ったが、非常な思いあがりのゆえに、だれ一人にも心を動かされなかった。ところが、他人が語っているとき黙っていることができず、また自分から話し始めることもできないこだまの妖精エコーが彼を恋するようになった。

ところがそれに先だってこのエコーのおしゃべりで困り果てたユピテルの妻ユノーは、話の終わりだけをそのまま返す範囲に彼女の舌を狭めてしまったのだった。そんなわけで彼女は相手の言葉の終わりだけしか返すことができなかったので、もとよりナルキッソスに甘い言葉をささやくことができなかった。偶然にも一度だけうまく彼にとり入るチャンスがあったが、はねつけられてしまった。そこでエコーは森にひそみ、声のみにやせほそっていった。ついに彼女が「あの少年も恋を知りますように。そして恋する相手を自分のものにできませんように」と祈ると、復讐の女神がこれを聞きとどけたのであった。

女神の復讐はこうして起こった。あるときナルキッソスは泉に渇きを鎮めようとし、そこに映った自分の姿に魅せられてしまった。彼は「実体のないあこがれに恋した」のである。この恋には相手がいない。あるのははかない自分の虚像にすぎない。「おまえが求めているものは、どこにもありはしない。お前が見ているのは、水にうつった影でしかなく、固有の実体をもっていない」。この偽りの姿を見つめながら彼は絶望して叫ぶ、「わたしには恋しい若者がいて、彼を見ている。だが、この目で見ている恋の相手が、いざとなると見当らないのだ」と。少年はそれが自分自身であることを知り、狂乱状態で死んでゆく。

自分の姿に恋して水仙と化したナルキッソスも、一方的におしゃべりしたため舌を切られただまのエコーも正しく聞いて適切に答える聴聞の精神が全く欠如していた。

聖書には「あなたがたに新しい戒めを与える。互いに愛し合いなさい。わたしがあなたを愛したように、あなたがたも互いに愛し合いなさい」(ヨハネ13・34)とのイエスの言葉が記されている。愛が相互的であることはその本性に適っている。一方的な愛はナルキッソスの場合に典型的に示されたように不幸であるばかりか、破滅する運命を宿している。この相互的な愛は「友愛」(フィリア)として古代ギリシアにおいても説かれてきたものである。とりわけエピクロス派は友愛を重んじ、性愛を拒否するようになった。だがそこには気むずかしい独身主義者のような態度があって、好ましくないように思われる。イエスは交際を絶たれていたサマリヤの女に胸襟を開いて話しかけている。そこにはファリサイ派や律法学者の尊大な態度は欠片《かけら》も見いだされない。問題をもった女の側に身を置いてその女の霊的な更正を願って積極的に関わっている。イエスに見いだされる生活態度は、自分自身にのみ固執したナルキッソスの態度とは実に正反対の生き方であった。イエスとナルキッソスの生活態度の相違に注目すべきであろう。

14　神の現臨　（創世記28・16―17）

ヤコブは眠りから覚めて言った。「まことに主がこの場所におられるのに、わたしは知らなかった、……ここはなんと畏れ多い場所だろう。これはまさしく神の家である。そうだ、ここは天の門だ」。

信仰の人アブラハムの最後について聖書は「アブラハムは高齢に達し、老人となり、年が満ちて息絶えた」（創世記25・8）と述べている。ここには自己の天職を全うして死んだ信仰の人の最後が語られている。わたしたちもまた己の天職を全うするまでは死ぬものではないことを信じ、信仰の歩みを続けたい。ところで、このアブラハムに発する族長の歴史はその子イサクを経てヤコブにいたる。

ヤコブは兄エサウを二度にわたってだまし、母リベカの忠告に従ってエサウの怒りを避けるため、パダン・アラムの叔父ラバンの下に逃走する。後に巡礼の町となったベテルにさしかかったとき、日が暮れたので、彼は石を枕として一夜を過ごす。すると夢で神の顕現に遭い、神と契約を結ぶようになった。このよく語られた物語は何をわたしたちに告げているのか。

他の創世記の章節に見られるように、この箇所もエロヒスト資料とヤハウィスト資料とからなつており、神とヤコブとの契約の記事（28・13―16、19）であるヤハウィスト資料に、夢物語りと将来の神殿に関する記事からなるエロヒスト資料が付加され、全体としては聖所べテルの成立物語が伝説ふうに語られる。

ところで夢には夜の二つの啓示が結びついている。一つは天に達するはしごであり、もう一つは神ヤハウェの顕現である。前者の「はしご」は翼ある天使が上下するには不用のものであり、ここで言う「はしご」はスメル、アッシリア、バビロンの階段式の積土もしくは傾斜のついた塔であり、最近の発掘によっても明らかになったオリエントの神殿の一部を指すものと思われる。後者の神の顕現はモーセ以前の族長神の現れという特徴を示し、遊牧民に約束された土地の所有と子孫の増大をもって契約が取り交わされる。

この夜のできことはヤコブにとって内心の慰め以上のものであり、特定の場所に結びついた一つの驚くべきできごとであつた。また彼がここで感得した畏怖の念は、度重なる自己の不真実と欺瞞に対し、神は審きをもってのぞまず、契約のことばに示されるように、神が偽らざる真実をもって契約の恵みを賜る現実から起こっている。実際、人間は不真実であるが、それにもかかわらず神は真実をつらぬきたもう。この事実に際会して、ヤコブは真に神の在すことを知り、「神の家」つまりベテル（ベト＝家、エル＝神）とこの所を名づけたのである。

こうしてヤコブは神の約束に対し三重の誓約をたてた。（1）主を自分の神とする。（2）ベテルに聖所をたて、自らその創設者となる。（3）十分の一の税制を確立する。

またベテルはヤラベアム一世の改革以後、巡礼地として栄えた。創世記の作者もこの時代の人であったと思われる。そしてアッシリアの占領後もベテルはヤハウェの聖所として意義をもったが、ヨシア王によって破壊された。イスラエル王国形成以前にはベテルは聖所のみならず、神の名としてもよく知られ、その歴史がヤコブにまでさかのぼって説明されているのが、この物語である。

ではこの物語はわたしたちにとっていかなる意味をもっているのであろうか？　わたしたちはこの物語を創世記の全体の思想からまず把握しなければならない。契約思想という観点から論じるならば、この物語りは創世記22章のアブラハムの信仰の試練の記録に並ぶものであるが、信仰の勇者アブラハムが神から来た試練によく耐えたのに反し、ヤコブの場合には試練の原因は人間の側の罪にあった。この人間的欠陥を露呈しているヤコブの内に、アブラハムに優ってわたしたちは自己自身を見いださないであろうか。ルターが言うように人間には試練の原因となるものが誰れにもある。すなわち青年時代は肉欲によって、壮年時代は名誉欲によって、老年時代は貪欲によって試練に襲われる、と彼はいう。だがヤコブは兄エサウに対する偽瞞的な行動によって追放され、せっかく得た神の約求も疑わしくなり、神への信仰が試みられた。ところが彼はこの悲惨な試練の直中《ただなか》にあって、人間の思いを越える神の真実に触れる。彼は畏怖の念をもって神の恩恵の現実を知り、「まことに主がこの所におられる」（創世記28・16）ことを知る。

神はその御子を通して「聖なるものを犬にやるな」と語りたもうているように、無益に人に語りかけることはない。心砕かれて謙虚にされている者にのみ神は語りかけたもう。このように神が語りかけていることから、そこに大いなる試練のあったことが推測されよう。人間の不真実から発する試練の暗黒の中から、決して欺かない神の約束の真実が光のごとくに輝いてくる。この神の真実と憐れみによってのみ人は破滅と自暴自棄にいたることなく生きることができる。まことに神在したもう。ヤコブは父イサクから聞いた神が異邦の地で涙の中に語りかけて来るのを経験し、ヨブのように「耳で聞いていたが、今はわたしの目で拝見する」（ヨブ記42・5）と告白したことであろう。

15　神を神とせよ（出エジプト記20・2―3）

わたしは主、あなたの神、あなたをエジプトの国、奴隷の家から導き出した神である。
あなたには、わたしをおいてほかに神があってはならない。

出エジプト記20章には「モーセの十戒」が含まれている。ところで、この「十戒」はシナイにおける神の出現に関する記事の中に組み入れられているが、資料の観点からすると独立した統一性をもち、シナイ物語に入れられる必然性はない。旧約学者マルティン・ノート(Martin Noth, 1902～1968)は言う、「十戒はシナイにおける神の出現の古い物語のどれにも元来入っていないのであって、時がたつにつれて初めてそこに挿入されたという消極的な結論にのみ達しうるに過ぎない」と。もし十戒をこれまでのようにシナイ物語の中に入れると、それは律法的に解釈され、恐ろしい呪いの言葉となってしまう。

十戒が元来シナイ物語と関係がなく、独立したものでありながら、シナイ物語の中に入れられて読まれてきたのは、後代の解釈なのであって、そこに歴史的意義は認められるにしても、「十戒」につきまとって離れない虚像がそこから生じてしまう。それゆえ、わたしたちは十戒を旧約における神の全体像から捉え直さねばならない。

十戒の前文（序言）は神の自己紹介であり、そこでは「わたしはあなたの神、ヤハウェである」と告げられる。出エジプト記は神をさまざまな言葉で紹介しているが、この信仰告白はイスラエル最古の文書「デボラの歌」（士師記5・3、5）に出ており、ヨシュアのシケムの契約でもそう記されている（ヨシュア記24・5）。この信仰告白の背後にはエジプトの「奴隷の家」から民を救済された神の恵みが認められる。このようにヤハウェは自己の歴史的証示をもっており、ここに歴史的に救済する神と無時間的な神の物語（神話）との対照が見られる。

十戒の前文に見られる神の自己証言は神のイスラエルに対する歴史的救済の行為に従ってなされており、この神の恵みに対する応答として十戒が告げられる。だから神の民イスラエルは当然この十戒を守ることになるのである。このように神の恩恵が十戒という要請に先行し、その基礎となっているという事実は、十戒の戒めの一つ一つを隠された中心である恩恵から正しく解釈すべきであることをわたしたちに教えている。

そこでわたしはモーセの十戒を神の恩恵の立場から、したがってそれを律法としてではなく、福音として読んでみたい。旧約聖書では律法と福音の区別は元来なく、律法の一語のもとに福音も含意されており、隠された中心となっていたのである。

第一戒は「あなたには、わたしをおいてほかに神があってはならない」とある。それは恵みの神の前で他の神々が存在してはならないとの神の排他性が述べられているが、実際は「あなたにはわたし以外に他の神々があろうはずがない」という事実の宣言なのであって、人間に要求される命令ではない。形式は禁止命令をもつ律法であっても、内容はむしろ神の恵みのもととなる生活の告知であって、福音にほかならないと言えよう。

安息日の戒めでも「六日の間働いて、何であれあなたの仕事をしなさい」と言われる。ここで神はよい仕事をしなさい、とも自分に委ねられて職業を通して神の栄光を表わせなどとも言っていない。「何でもよいから」とは仕事の重要性を指摘した言葉ではない。神が働かれているのだから、どんな仕事であっても、励みなさい、と奨められる。仕事は神の恵みを獲るためにするのではない。あなたは神の恵みに支えられているのであるから、無為に過ごしてはならないのであって、どんなことでもよいから「仕える事」をしなさいと奨められる。仕事に意義があるのではない、意義があるのは神の恵みを受けて、他者に仕えることなのである。

このように十戒をイスラエルに対するヤハウェの恵みの意志を伝えていると考えねばならない。十戒の前文に示された神の自己証言は神が恵みと救済の主であることを示し、この神の恵みに対する応答として、第一戒はこの「神を神とせよ」と力強く語っている。重要なのはこの命令の前には神の恵みの下なる生活の事実が存在していることである。

事実、神は恵みの神である。神はいつも「恵もうとする者む恵みたもう」（出エジプト記33・19）のであって誰れもそれを制限することも批判することも許されない。しかもこの神はいつも現存したもうというのが、その「神の名」でもある。わたしたちはイスラエルの神の名が示している「わたしは有るという者である」という語が、「存在」と「生成」を同時に意味することに留意すべきである。それと共に「その人はいつも」（アシェル）を意味する神のすぐれた恵みの現実を学はねばならないであろう。神がいつもわたしたちと一緒におられること（インマヌエル）、これこそ恵みの福音にほかならないのである。この神に信頼し、神と共に歩むことが信仰なのである。主は「悩みの日にわれを呼べ」（詩篇50・15・口語訳）と語られる。神が恵みをもってわたしたちに臨んでいるがゆえに、いついかなるときにもわたしたちは神を呼ぶことができる。だから「神を神とせよ」（第一戒）は、神の至上命令ではなく、恵みの福音の告知を意味する。

16　打ち砕かれ悔いる心（詩編51・19）

しかし、神の求めるいけにえは打ち砕かれた霊。打ち砕かれ悔いる心を
神よ、あなたは侮られません。

旧約聖書の中でダビデはアブラハムと並んでもっとも愛されてきた人物であった。ダビデという名前は「愛される者」という意味である。彼は実に、その名のとおり、愛される者であって、一介の羊飼いから身を起こし、ユダとイスラエルの大王となるまで、ダビデの生涯はことごとく神の愛と恵みによって彩られている。彼はイスラエル王国の建設者であって、とくに武勇にすぐれていた。少年にしてあの剛勇ペリシテ人のゴリアテを小さな石投げ一つで打ち倒した。また彼は楽器のよい弾き手であって、悪霊に悩まされたサウル王に対し音楽をもって彼を癒しただけでなく、多くの詩編を創作した。中でも詩編51はその代表作である。だが「愛される者」ダビデはその生涯にわたって苦難を通して鍛えられ、守られ、訓育さ

れて、信仰の達人となった。彼はユダ族であるエッサイの八人の子らの末子であった。その母は、アンモンの王ナハシに関係ある婦人であって（サムエル記下10・2；17・25―27）、異邦人の女から生まれた。「見よ、わたしは不義のなかに生れました。わたしの母は罪のうちにわたしをみごもりました」と彼は叫ぶ（詩編51・5）。彼は兄たちに手荒にこき使われながら羊を飼わされた。彼は決して恵まれた環境で育った人物ではなかった。しかし彼には助ける者たちが多くいて、父エッサイのよい教育・祭司サムエルによる訓育・妻ミカルの助け・友人ヨナタンの友情・預言者ナタンの叱責などがあり、暗い旅路を経て回心と新生に導き、充実した人生が授けられた。その有様は詩編23編の初めには次のように記されている。「主はわたしの牧者であって、わたしには乏しいことがない。主はわたしを緑の牧場に伏させ、いこいのみぎわに伴われる」（口語訳）。

このように愛される人ダビデにも大きな失敗があった。その失敗は彼が成功を収め、名を遂げた後に起こった。こうした気の緩みがサタンの誘惑を引き起こした。彼はウリヤの妻バト・シェバとの姦淫事件を引き起こし、預言者ナタンの叱責を受けるにいたった（サムエル記下11と12参照）。

神はバト・シェバとの結婚を認めず、ダビデに怒りを覚え、預言者ナタンの夢に現われて王を糾弾させた。そこでナタンは神の怒りを伏せておいて、穏やかに譬話を使って王に語った。

「二人の男が同じ町に住んでおりました。一人は裕福で、多数の駄獣や羊、雄牛などをもっていましたが、他は貧しく、一頭の雌の仔羊だけが全財産でした。この貧しい男は自分の子供たちと一緒に仔羊を育て、食事をともにするのはもちろんのこと、仔羊にわが娘同様の深い愛情を注いでおりました。あるとき、富める男の所へ一人の客がありました。男は友人をもてなすのに、自分の家畜の一頭を屠るのを物惜しみし、家僕をやってその貧しい男から仔羊を取り上げ、それで客の料理を準備しました」。

王はこの譬話にはなはだしく困惑し、ナタンに向かって「こういう馬鹿なことをした男は悪人である。男は仔羊を四倍にして償い、そのうえ、死をもって罰せられるのが適当である」と言った。するとナタンは言葉をついで言った。「王よ、こうした処罰にふさわしいのは、実は、あなたご自身なのです。あなたは、とんでもない恐ろしいことをして、ご自分を罪に定められました」。

王はナタンの言葉を聞いて困惑し、はなはだしく狼狽した。そして、悲嘆の涙を浮かべながら、自分が不敬虔であったことを告白した。彼は万人が認めるように、本来は神を恐れる者であり、ウリヤの妻の件を除いて、それまでの生涯で一度も罪を犯さなかったのである。神はただちに彼に憐れみをかけて、彼と和解し、今後彼の命と王国を守ることを約束された。神は言われた。今おまえは自分のしたことを後悔している。だからわたしも機嫌をなおそう、と。ナタンは王にこうした預言をし、家に帰っていった（このナタンの話はヨセフス『ユダヤ古代史2』秦剛平訳、筑摩書房、272—278頁による）。

このときの心境を悔い改めの詩、詩編51は「打ち砕かれ悔いた心」として歌っている。キリスト教信仰もこの心を信仰生活の中心にすえて説いてきた。とくにルター以来、礼拝において神の恵みのもとに悔い改めを信仰の核心として説いてきた。中世末期のカトリックでは「悔い改め」がサクラメントとして制度化されていたのを批判し、ルターはそれを「心を変える」（メタノイア）ことだと解釈した。事実、詩編51も「清い心」が神によって創造され、「新しい、確かな霊」（51・12）が授けられることを祈り求めている。この霊はその内に「あなたの聖なる霊」（51・13）を宿すものである。こうしてわたしたちの霊も「確かなもの」となって、神に向かい「確固として立っている心のあり方」（ルター）を獲得する。これは「君主のような自由な霊」と呼ばれる。このようなものとなるためにわたしたちは「打ち砕かれ悔いた心」が授けられるのである。

17　試練と信仰（詩編130・1）

深い淵の底から、主よ、あなたを呼びます。

この詩編の初めにある「深い淵の底」とは試練によって突き落とされる真っ暗な「深み」である。それはわたしたちの心の奥底であり、そこには神が住まいたもう。試練に見舞われるとわたしたちはそこに転落するのだが、実はそこで神の語りかけを聞くことになる。だからルターは「この言葉は真に悔い改めた心の、純粋な、激しく感動した、まことに根底的な言葉である」と注釈し、経験なしにだれもこれを理解できないし、深い淵の悲惨の中にいることに気づいていない、と言う。また神を「呼びます」は「叫び」であって、いかに深い淵にいるかを自覚しなければ決して発せられない切なる懇願でもある。したがって「この声」は「嘆き祈る声」（2節）と言いかえられる。このような声は大抵の場合「呻き」で表わされる。呻きはもう言葉にならない、言い表わしえない声であって、他の人にも聞こえないほどの、かすかに発せられる声である。しかし、この声なき声を神のアンテナは確実にとらえ、神から発する聖霊がわたしたちと共に呻いて、絶望の底なき淵より救いだしてくださる。

続いて「あなたが罪をすべて心に留められるなら　主よ、誰が耐ええましょう」（3節）と語られる。もし神が審判者としてわたしたちにのぞむなら、そこからは絶望しか生じて来ない。しかし深淵から神に向かって叫んでいる人は、神の審判を恐れているからこそ呻く。だからルターは言う、「神の審判を見ない人は恐れない、そして恐れない人は叫ばない、叫ばない人は恩恵を見いださない」（WA., 1, 207）と。罪ある古い人は恐怖にかられているが、その傍らに神が憐れみをもっていましたもうがゆえに、つまり「しかし、赦しはあなたのもとにある」（4節）がゆえに、恩恵への希望をもちうる。その際、神の左手は怒りを、右手は恵みを示しており、神は「あわれみに満ちた審判者」として恐れと希望の源泉となっている。これが「神への畏怖」（4節）なのである。

こうして「わたしの魂は主とその言葉を待ち望みます」（5、6節）との告白がなされる。ここから生じる深い淵における絶望と希望という相矛盾した事態についてルターは次のように言う、「希望と絶望とは相容れないが、それでも神の子たちは絶望の中に希望しなければならない。というのは恐怖は絶望からはじまる外なく、希望は救われはじめることに外ならないから」(ibid., 208)と。つまり古い人の絶望や滅亡が、新しい人の形成と同時的に生じている。そして「古い人を切り去る恐怖の中に新しい人を形成する希望が生まれる」。その有様は彫刻家が不必要な部分を切り捨てて木像の姿を刻み込んでいくに等しい。こうした古い人の死と新しい人の生との同時性はルターが愛した詩の一節、「死の只中にあってわたしたちは生のうちにある」という言葉によって簡潔に示される。

詩編130の終結部(7節、8節)は主の慈しみを信じるイスラエルが主を待望するように繰り返し語られる。ルターはここで「イスラエル」の語義に触れ、それが「神を見る者、また神から正しく見られる者」の意味であることを指摘し、神の顧みと神を仰ぎ見る信仰の中に試練からの救いを捉える。「心が神と正しい関係に立ち常に神を見、神を敬い、神を認め自分自身に歪曲していない人が考えられている」(ibid., 210)。

試練によって陥った深い淵からの救いは、十字架のキリストを仰ぎ見る信仰に求められる。「キリストを仰ぎ見て、その受難に心から戦慄し、自己の良心を絶望の中に沈める者たちこそ、キリストの受難を正しく省察している」(WA., 2, 137)と、ルターは説いている。というのは十字架上のキリストにおいて神の怒りの姿は転じて神の恵みの姿に移っているからである。このキリストを仰ぎ見る省察によって古い人から新しい人への生の転換が生じている。「この省察は人間を根本的に変える」(ibid., 139)。

　内村鑑三の回心もこのキリストを仰ぎ見ることによって生じている(『余は如何にして基督信徒となりしか』『著作集』第1巻154頁参照)。試練は自分を超えて神へ向かう信仰をわたしたちに授ける。ルターはこの転換を「神に敵対して神に逃れる」とも言う。それは怒りの神から恩恵の神に逃れるという意味である。これは身近な表現で言い直せば、わたしたちが自分で造った神からキリストによって啓示された神へと逃れると言えよう。神を捏造するというのは、無神論者フォイエルバッハ(Ludwig Andreas Feuerbach, 1804～1872)が主張するように、わたしたちが全知全能でありたいという願いを投射して神に仕立てあげ、儚い願望を神として拝むからである。こうして捏造された神に敵対してキリストを仰ぎ見ることが、「神に敵対して神に逃れる」ことである。この「省察」こそわたしたちを全面的に変える。これこそ「信仰の偉大な技術と怜悧《れいり》」とルターが呼ぶ信仰の力である。この信仰によって試練は克服される。その有様は船の艫《とも》に眠っておられたイエスが、弟子たちの求めに応えて激しい突風の嵐に向かい「黙れ、静まれ」と言われると、嵐はやみ、すっかり凪《なぎ》になったことと同じである。わたしたちも試練の暴風に襲われるとき、彼はわたしたちの呼びかけに必ずや応えてくださるであろう。

18　知恵の探求とその挫折　（コヘレト1・2—20）

「なんという空しさ」、「すべての労苦も何になろう」、「天の下に起こることをすべて知ろうと熱心に探究し、知恵を尽くして調べた」、「知恵が深まれば悩みも深まり、知識が増せば痛みもます」。

ヨーロッパ中世の末期に「現世の蔑視」を主題とするいくつかの著作が現われたが、そのときコヘレトの言葉「何という空しさ」が「空の空」という言葉が繰り返し引用された。「空しさ」は30数回も繰り返され、「すべての労苦も何になろう」（1・3）にある「労苦」も30回にわたって頻出する。「空しさ」（hebhel）は泡・泡沫・湯気を意味するが、旧約聖書の冒頭にある人を生かす「霊」（ルーアッハ＝風・息）とは正反対を意味する。実際、どんなに仕事へと自己投入を計っても、人は虚無感に襲われる。仕事は心に満足を与えはしないからである。この作品はその文体から見てヘレニズム時代の紀元前二五〇年頃の作と推定される。そこにはギリシア人の知恵の影響が見られるが、『箴言』にあるような知恵に対する信頼は薄らいでゆき、人間の理解の限界が強く自覚され、知恵の探求に対する挫折が感得されるようになった。

コヘレトは作品の終わりのところで知恵の教師であるのみならず、格言の収集家であるとも告白する（12・9―10）。彼は第1章から第6章にかけて知恵・快楽・金銭の追求などのすべての努力が空しいと語る。しかし彼は空しい欲望の追求にも神によって定められた、それぞれにふさわしい定められた時があることを説き、それに応じて実行するように教える。ここにギリシア人とは異なった時間認識が認められる。だが、後半の第7章からは名声と香油、生と死、そして知恵と愚かさとを比較して考察するという仕方で人知を尽くして真に充足を与える価値や真理を捉え直そうと試みる。そこには当時に流布していた格言が自作の格言も加えて蒐集されている。

コヘレトは自分の生涯を顧みながら内心の本質を吐露《とろ》している。まず彼は「見よ、かつてエルサレムに君臨した者のだれにもまさって、わたしは知恵を深め、大いなるものとなった」（1・16）と言う。そしてこの知恵と知識を深く究めてみたが、それは狂気であり、愚かであって、風を追うように空しいことであると悟った。彼は次のように結論をくだす。「知恵が深まれば悩みも深まり、知識が増せば痛みもます」（1・18）。

ここに「悩み」と訳された言葉は他の聖書では「憂い」と、「痛み」は「苦しみ」とも訳されている。悩みも痛みも身体的な表現で現代人にはわかりやすいが、知恵や知識という精神的な営みには「憂い」「苦しみ」のほうがふさわしいように思われる。「憂い」と言えば「憂愁」の感情であって、青春時代にはこの感情に襲われることがしばしば起こる。

コヘレトも「快楽を追ってみよう、愉悦《ゆえつ》に浸ってみよう」（2・1）と言っても、すべては空しかったと述べ、酒と笑い、さらに愚考と大規模な事業、金銭と宝を例としてその空しさを説き明かす（2・3―10）。だが彼は一つの新しい認識に到達する。それは「何事にも時があり、天の下の出来事にはすべて定められた時がある。生まれる時、死ぬ時、植える時、植えたものを抜く時」（3・1―8）とある、「定められた時」や「ふさわしい時」（8・6）の意味である。それは四季の循環のような自然の時間ではなく、人生にとって意味ある適切な正しい時であって、イエス・キリストの到来に使われたような「時の充実」、つまり「満ちた時」（カイロス）を意味する。

このカイロスのときには永遠者の意志が示されることが起こる。なぜなら「神はすべてを時宜にかなうように造り、また、永遠を思う心を人に与えられる」（3・11）からである。それはわたしたちが時宜に適うように行動しながら、そのように創造された永遠者を考えるためである。もしも時の経過の中にも配慮したもう神が永遠者として存在しないとしたら、わたしたちは時の流れに巻き込まれ、押し流されてしまうであろう。反対にそのような時宜に適う仕方で導く永遠者へといつも視線を向けているならば、わたしたちはこの空しい人生のさなかに生きる意味を見いだすことができよう。時を支配する神に導かれるなら、わたしたちは空しさが満ちた現世においても、時とともに移ろわない何かを幸福として感じ取るに違いない。それには知恵が必要であって、それによって生きるとき幸福が感得される。だが当時のユダヤ人には永遠の意識は弱く、永遠といってもいつまでもつづく時としてしか考えられなかった。そこにはユダヤ的現世主義が支配していた。それゆえ彼は結論として次のように言う。「人間にとって最も幸福なのは、自分の業によって楽しみを得ることだとわたしは悟った。それが人間にふさわしい分である」(3・22)と。そうはいってもコヘレトが回収した格言集には「事の終わりは始めにまさる」(7・8)という中心思想が認められる。人はその終わりを見るまでは何事も完全に評価できないが、人生の価値と評価とは死を考慮に入れて測らねばならない。終わりと死を考慮に入れて初めて真の知恵が体得される。それこそ「神を畏れることが知恵の根源である」という真理認識である。

19　愛の交換における秘儀（雅歌2・16）

恋しいあの人はわたしのもの
わたしはあのひとのもの。

この言葉は旧約聖書の「雅歌」にくり返し出てくる（2・16；6・3）。雅歌は「どうかあの方が、その口のくちづけをもって、わたしにくちづけしてくださるように」（1・2）という乙女の情熱的な愛の言葉で始まっているように、恋愛の歌であって、実は世俗的な祝婚歌である。それは詩編45編の王の祝婚歌と同じ類型である。しかし伝統的にはアレゴリカルな解釈がなされ、旧約聖書では神とイスラエルとの親しい関係を歌ったものと考えられ、中世のキリスト教会では雅歌を御言葉と魂の間に交わされる愛の賛歌として解釈された。それは結婚式における心の歓喜を表し、花婿と花嫁とがこれを歌いかつ聞くがゆえに、「たしかにそれは、魂と魂との貞潔で喜ばしい抱擁、彼らの意志の一致、相互に一致した心同志の愛を表現している結婚式の歌である」と説かれた（Bernardus, Sancti Bemardi Semones super cantica Canticorum,1, 6, 11)。この花婿キリストと花嫁である魂との「結合」(coniunctio) によって成立する神秘的な生は結婚の神秘主義として一つの大きな思想潮流となった。

ところが『雅歌』を読んでみるとすぐに気づくことがある。それは神とその信仰について何事も述べられていないことであって、世俗的な恋愛の歌が集められている。しかも対話的に歌っている男女の愛は決して「純粋な」性愛ではない。むしろその愛は性的欲求に満ちており、一緒にベッドに入ることだけにあこがれている。彼らは、「わたしは恋に病んでいます」（2・5；5・8）と互いに告白する。彼は、夜になると恋人の寝室の窓際へ忍んで行き（5・2─6)、彼女に熱を上げて、「秘められたところは丸い杯、かぐわしい酒に満ちている」（7・3）と歌う。彼女のほうも大理石の柱のような彼の脚にうっとりとして（5・15)、彼にむかって二度もこう呼びかけている。「夕べの風が騒ぎ、影が闇にまぎれる前に、恋しい人よ、どうか、かもしかのように、若い雄鹿のように、深い山へ帰ってきてください」（2・17；8・14)。こともあろうにこれが雅歌の結びの言葉である。

実際、「性愛」は本来美しいものであるが、そこには同時に「性欲」が結び付いており、これが情念の力によって性愛の美を破壊するのではなかろうか。それゆえ性愛が性欲を正しく秩序づけているならば、性愛の美しさが輝くであろう。『雅歌』はこのような美しい人間関係を教えているように思われる。

そこで二人の恋人の関係を考えてみよう。彼らはお互いに相手を圧迫していない。彼らは互いに相手に恋こがれていても、性欲の対象にはしない。「わたしは黒いけれども愛らしい」（1・5）とあるように、皮膚の色も問題ではない。愛の呼びかけはすべて、恋人の自由な感情に対する訴えかけであり、相手も同じ愛をもって応答することを望んでいる。だから誘惑も強制も感じられない。そこには相手の自由と対等性に立つ「相互受容」が実現している。この重要な関係が「恋しいあの人はわたしのもの、わたしはあのひとのもの」として繰り返し表明される。

ベルナール（Bernardus Claraevallensis, 1090 ~ 1153）はここから「花嫁―神秘主義」（Braut-mystik）を説くようになった。彼は『雅歌』に見られる男女の関係から独特な思想を展開させており、キリストと教会との関係を「花婿と花嫁」という親密な間柄として理解した。しかし宗教改革者ルターはこの関係を授受の関係から捉え直した。『キリスト者の自由』の中で花婿キリストと花嫁の魂との関係を「この富める、敬虔な花婿キリストが、この貧しい不敬虔な娼婦をそのいっさいの悪から贖いかえし、ご自分の善をもってこれを飾り、妻として引き受けるとき、もう彼女の罪も彼女を滅ぼしえない」(Luther, WA 7, 54, 39ff. ; 55, 25ff.)と言う。

ルターは花嫁神秘主義の伝統に立ってキリストと魂との合一を説く点で中世との連続性をここに示しているが、その内容は浄罪《じょうざい》の道による教会改革によっては人間の危機は解消しえないことを「貧しい不敬虔な娼婦」の姿により提示した。また彼はキリストの義と魂の罪との「歓ばしい交換」という人格的な信仰関係のなかに救いを捉えた。ルターはベルナールが花嫁を清く美しい姿において捉えたのに反して、花嫁を貧しく、みすぼらしい、見る影もない賤《せん》婦《ぷ》に求めた。自分の空しさを知った者にして初めてキリストを求めて信じるからである。

ここで注目すべきことは神と人との関係が「神が授け、人が受け取る」授受の関係となっているばかりか、「逆対応」となっている点である。この関係が「対応」している場合には清い者同士の類似した者の結合関係が成立するのが、「逆対応」というのは一般的で合理的な「対応」関係に対して転倒した逆説的な関係をいう。したがって「清い花嫁」と「義なる花婿」の関係が合理的な「対応」であるのに、ルターが説いている「卑しい花嫁」と「義なる花婿」との関係はその「逆」となっている。こうした対応関係における交換は合理的な等価交換ではなく、不合理的な「取引」であって、ルターはこれを「喜ばしい交換」と呼んで、

彼の義認思想の根底に据えた。このような解釈は罪人を憐れむ神の愛から起こっており、「超過の論理」を形成している

20　山鳩の声（雅歌2・12）

この里にも山鳩の声が聞こえる。

雅歌2章8―14節は全体として花が咲き、鳥が歌うパレスチナの春の美しい情景であって、新しい生命に目覚める喜びの歌が記されており、若者たちがその愛を告白する時でもある。ユダヤの律法の書タルムードでは習俗として娘たちがぶどう山で踊り、若者らが一人の女性を選ぶように誘っている。この言葉はそういう情景の中で語られたのである。

この聖句は一見するとまことに平凡で、何か意味があるように見えないが、わたしに強い印象を与えた。それはここ数年夏をハンガリーの農村で過ごす経験をもったことに由来する。この農村は大平原の北部に位置しており、近くには丘もある。農業国の人たちにとって農村は「里」であり、日本のように山国であると、山が近い里は「山里」と呼ばれる。この農村でわたしは山鳩と暮らす経験をもった。

ところで山鳩は普通の鳩とは違って滅多に地上には降りない。地の餌を漁るという習性がないから。それゆえ聖書では旧約の創世記とレビ記以来、山鳩が家鳩や土鳩から区別されている。ルカによる福音書第2章24節では幼子イエスの聖別式に浄めの定めに従って「山鳩一つがいか、家鳩の雛二羽」がいけにえに捧げられたと記されている。つまり神と人との関係が山鳩の犠牲によって良好に保たれている。ですから「この里にも山鳩の声が聞こえる」という言葉は神の人への語りかけとして理解できる。ベルナールがこの点を強調しているので、彼の意見に耳を傾けてみたい。

「愛は誰をも仰ぎ見ないし、誰をも蔑視しない。愛は、完全に相互に愛し合い、自己自身において高低の差別をなくしているすべての人を、同等なものとして直視する。愛は彼らを同等にするばかりか、一つにする。恐らくあなたはこの愛の法則から神が除外されていると考えるであろう。しかし神に付く人は一つの霊となる（Iコリント6・17）。どうしてあなたはそれに驚くのか。彼自身がわたしたちの一人になられた。神が人に等しいというのでは充分ではない、神は人である。それゆえ神は自分のためにわたしたちの地を要求する。しかも所有としてではなく、祖国として要求する。どうして彼がそれを要求しないことがあろうか。その地から彼の花嫁が生じ、その地から身体の実質が与えられ、その地から花婿ご自身が生まれ、その地から二人は一つの肉となった（エフェソ5・31）。……主は人の子として地を嗣業として受け、主人としてそれを支配し、創造者としてそれを管理し、花婿としてそれと交わりをもちたもう」（ベルナール『雅歌の説教』59・1・2「教文館版」金子晴勇訳、265頁）。

それゆえ里に聞こえる山鳩の声はキリストの来臨であるとベルナールは解釈した。そのわけはキリストが神の言葉の受肉であるから。雅歌の詩人は冬が去り春が到来したことを告げ、葡萄の花が咲いている里に山鳩の声を聞きつけて、そこに神の現臨を感得した。葡萄の花も山鳩の声も人目を引くようなものではない。それにもかかわらず、詩人はそこに神の現臨を感じたのである。それはキリストを通して実現したのだから、ベルナールのようにキリストの来臨が示されていると理解できる。

次にこの聖句にある山鳩が聖書では犠牲に供されていた点に注目してみたい。浄めの犠牲として神に捧げられたのは「一つがいの山鳩」であるから。家鳩のほうは「雛二羽」とあって、それが浄めの犠牲に指定されている。詩人はこの山鳩にキリストの来臨を感じ取ったがゆえに、山鳩の犠牲は新しい神関係を創造するための犠牲であった。ではどんな神との新しい関係が創られたのであろうか。

それは「一つがい」としての花婿と花嫁の間柄関係ではなかろうか。このように人間関係の最深の親密さが「一つがいの山鳩」の内に「花婿―花嫁」として説かれた。

このように山鳩の声を聞くには「自己を空しくして聞く」ことが求められる。パウロは「実に、信仰は聞くことにより、しかも、キリストの言葉を聞くことによってはじまるのです」（ローマ10・17）と語っている。聞くためには心を空しくし、自己主張を抑えて発動させないようにすべきである。空になった心にはキリストの声が澄んでさやかに聞こえる。法然上人は次のように歌っている。「あみだ仏と心はにしにうつせみの　もぬけはてたるこえぞすずしき」。「にしに」とは西方浄土を指す。「うつせみ」とは「空蝉」（蝉の抜け殻）のことで、魂が抜けた虚脱状態を言う。そこには信心によって空蝉のように心身脱落した心の「涼しさ」がある。「涼しさ」とは音声がさえて聞こえる「さやけさ」である。確かに「空蝉」の声が「涼しい」とは字義的にはおかしな表現であるが、これを理解するためにはルターの信仰義認論か親鸞の「悪人正機説」を参照する必要があろう。ルターは、既述のように、ベルナールが花嫁を清く美しい姿において捉えたのに反して、花嫁を貧しく、みすぼらしい、見る影もない賤婦に求めた。自分の空しさを知った者にして初めてキリストを求めて信じるからである。日本の里にも至るところ山鳩の声が聞かれる。その涼しい声に耳を傾けるようにこころがけたい。

21　神の選び（パウロの回心）　（ガラテヤ1・13—16）

あなたがたは、わたしがかつてユダヤ教徒としてどのようにふるまっていたかを聞いています。わたしは、徹底的に神の教会を迫害し、滅ぼそうとしていました。また、先祖からの伝承を守るのに人一倍熱心で、同胞の間では同じ年ごろの多くの者よりもユダヤ教に徹しようとしていました。

しかし、わたしを母の胎内にあるときから選び分け、恵みによって召し出してくださった神が、御心のままに、御子をわたしに示して、その福音を異邦人に告げ知らせるようにされた。


これはパウロ自身の記録であるが、その劇的な回心物語は使徒言行録では3回繰り返し語られている。このパウロの回心をめぐって神の選びについて考えてみたい。

使徒言行録には主イエスの言葉として「さあ、行きなさい。あの人は、異邦人たち、王たち、またイスラエルの子らにも、わたしの名を伝える器として、わたしが選んだ者である。わたしの名のために彼がどんなに苦しまなければならないかを、彼に知らせよう」（9・15、口語訳）と記されている。彼は異邦人伝道へと召命され、多くの苦難が予想され、イエスの苦しみを担っている。パウロ自身もこの点を「今わたしは、あなたがたのための苦難を喜んで受けており、キリストのからだなる教会のために、キリストの苦しみのなお足りないところを、わたしの肉体をもって補っている」（コロサイ1・24、口語訳）と記している。

人間的に言えば異邦人伝道のためにはキリスト教徒の中からギリシア的教養を具えている人が選ばれるべきであろう。ところが、もしこうしたギリシア語に堪能な人が選ばれ、パウロと同じような働きをしたとしても、おそらくキリスト教とは異なったパウロ教なるものが成立していたであろう。実際、パウロは人間的資質からいっても優れており、三重に偉大な教養人であった。（1）名門ガブリエルの門下生として薫陶を受けたエリートのファリサイ派の人、（2）ギリシア語を自由に話せる国際的教養人、（3）生れながらにしてローマの市民権をもった富裕な自由人であった。ところが神はこのパウロを用いるにあたって、まず、彼をキリストの敵の地位に置き、自己の在り方を徹底的に否定するところまで導き、その上で彼に純粋な福音の生命を注ぎ、空の器をもって福音を受容し、説き明かせようとした。

このように神の選びは人間の想いを超えている。なお、イエスはガリラヤ地方の漁夫や取税人といった下層の無教養な人たちを弟子として選び、福音の宣教者に任じた。これも不思議なわざである。彼はこのような弟子たちに向かって「あなたがたは世の光である。山の上にある町は、隠れることができない」（マタイ5・14）と語っている。この言葉だけ取ってみるとまことにナンセンスであっても、大いなる光であるイエスと共にある弟子たちは、自分の貧しさゆえに返ってイエスを受容し、彼との交わりのうちに世の光として生きる。したがって彼らが輝いているとは人間的にはナンセンスの極みであっても、イエスとの交わりによって彼らは優れた意味を辺りに放射し輝いている。

これと同様にパウロの場合もイエスの敵であるという矛盾的な対立関係にあって初めて、彼は福音の純粋な宣教者となっている。こうした器は福音の光を遮蔽したり曇らせたりすることから全く自由である。そこには生涯の全面的な否定が含まれており、器としての優れた資質はこの大いなる否定によって純化されている。彼の回心物語がこれを如実に示している。

ガラテヤ書の記述によればダマスコ途上で受けた「天からの光」は「御子をわたしの内に啓示してくださった」（1・6）ことを指し、それは「イエス・キリストの啓示」（1・12）であった。そのさい「わたしの内に」ということばについて考えてみなければならない。ではその啓示内容は何であるか。それは「キリストは、わたしたちのためにのろいとなって、わたしたちを律法ののろいからあがない出して下さった。聖書に『木にかけられる者は、すべてのろわれる』と書いてある」（3・13）によって示される。十字架にかけられたイエスは神に呪われたものである。この認識は迫害以前と以後とでは変化していない。変化しているのは「わたしたちのために」という言葉に示されている事態である。律法に照らしてみるならばイエスは神に呪われた者であり、そのような者を救い主キリストと信じる者は徹底的に殲《せん》滅《めっ》されなければならない。これがキリスト教の迫害者パウロの主張であった。ところが彼はダマスコ途上で、この呪われたイエスが他ならない「わたしのために」呪われたのであるという認識に到達したのである。これ以上に驚天動地というか、青天の霹靂というべきものは他にないであろう。この認識の光が彼を射抜いたのである。

　こうしてパウロのキリスト教徒に対する憎しみは真実の愛によって応答され克服されたのである。迫害者パウロは呪われたイエスを看過できなかったであろう。彼はどうしてこうしたことが起こり得るだろうかと心に思いめぐらしながらダマスコへの道を辿っていたと想われる。このとき「呪われたイエス」が「わたしのキリスト」であるという認識の光が突如として天から開示されたのである。ルカはこれを「天からの光」としか言い表わしえなかった。事実、天からの光によらなくては誰がこのような認識に到達できようか。パウロの回心はこのようにして起こった。そこには神の選びの不思議なわざが認められる。

22 「神の子」としての身分 （ガラテヤ4・1—5）

相続人は、未成年である間は、全財産の所有者であっても僕と何ら変わるところがなく、父親が定めた期日までは後見人や管理人の監督の下にいます。同様にわたしたちも、未成年であったときは、世を支配する諸霊に奴隷として仕えていました。しかし、時が満ちると、神は、その御子を女から、しかも律法の下に生まれた者としてお遣わしになりました。それは、律法の支配下にある者を贖い出して、わたしたちを神の子となさるためでした。

わたしたちが「神の子」として成長する様子をパウロは、このように語って、古代社会における子供から大人への成長過程として説いている。それは奴隷制社会にあって奴隷の身分から財産の相続人にまで成長する段階として考察され、その中でわたしたちが新しい人間に生まれ変わると言う。

ユダヤ教では十二歳の誕生日にシナゴーグ（会堂）に連れていかれて、子供は両親の下を離れ、直接神との関係に入り、律法の子とされた。それゆえ子どもはごく小さいときから「十戒」のような神の律法を徹底的に教え込まれた。今でもエルサレムの「嘆きの壁」に行くと、人々が頭を振りながら神に祈っている光景を見るが、この「頭を振る」というのは律法を暗記するときにする仕方なのである。わたしたちは口に出して繰り返し語ると暗記しやすいように、ユダヤでは頭を振ることで記憶にとどめていたのだった。イエスの時代の古代ローマ社会でも同じ時期に特別な教育期間がもうけられていた。

パウロは、まずはじめに、単なる未成年の子供と区別して、子もしくは息子を成人した相続人とみなし、息子が子供であったときは、管理人や後見人の下にあって下僕と変らない奴隷的身分に等しく、この世を支配する「諸霊」（原勢力）の下にあったと説く。「諸霊」（ストイケイア）という語は「初歩的教え」という意味に由来する言葉であって、初歩的教育段階としての「律法」を指すと考えられる。この語はアリストテレスの『形而上学』で使われている意味では「世界の構成要素」と解釈することができる。パウロはこの諸霊を律法と同一視して、キリストが出現し、「子たる身分」を授けるまでは、人間は未熟な者で律法の支配下にあると考える。「御子」キリストは「現世的な諸霊の力」と対決し、神々・天使・権力・

戒めなどの社会を動かす力から人間を解放したが、この出来事はわたしたちが御子キリストによって「神の子」とされることで生じる。

子どもは父に向かって「アッバ、父よ」と呼びかける。皆さんの中には親しく「お父ちゃん」などと言う人もいる。これは父子の関係といってとても親しい間柄関係をいっている。イエスの時代は奴隷制社会であったから、「主人と奴隷」という上下の関係で社会の秩序が保たれていた。まだ専制君主制の時代だから、今日のような自由はどこにも見いだされていなかった。ところがパウロはイエス・キリストを通して全く新しい神との関係にわたしたちは招き入れられていると主張する。もう奴隷のように主人を恐れなくともよいというのである。

このようにキリスト教において生じた人間観の根本的変化は神と世界に対する態度、つまり、神への信仰と隣人への愛において現われる。この人間の他者への関係が変化したことは、人間自体の変革であって、外的に世界が変化したことを意味しない。ところが、このわたしたちの変化とともに、わたしたちが形成する歴史的な世界も変化するようになった。なぜなら人間の内的変化によって世界に対する関係も一新し、わたしたちの新しい責任の自覚によって世界は今や全く新しい様相を示してくるから。

こうして世界に対する人間の関係が全面的に転換し、世界への関係が新しくなったが、関係そのものが終息したのではない。それゆえキリスト教徒は世界に対して無関心や敵意をいだいているかのように誤解されてはならない。変化したのは未成年から成人して相続人たる息子となった人間であって、この人間の世界への態度が変ったのである。「神の子」としての身分を授けられた人は、世界に対して新しい関係に生きる応答的責任性を自覚する。

それゆえ「神の子」としての身分には次のような契機が含まれている。（1）この身分はキリストの福音によって授けられたのであって、律法によって自力で獲得したものではない。父子関係としての人格関係は存在的には「神が授け、人が受ける」授受の関係から成り立っている。（2）しかし、この身分は子としての責任を問われ、子たるべしという要請を伴っている。（3）それは父の子である存在が、父の子たるべしという当為の命令を伴っているから。ここでの存在は責任を伴う応答的存在としての人格を意味している。この人格関係は神の側からの関係の授与に始まり、当為の自覚としての応答的責任へと進んでいる。したがって、「神の子」という身分は「御霊の最初の実」として「すでに」与えられているが、未だ完全には実現していない。それは「死のからだ」が贖われる身体的生において初めて完成される希望の下にあるため、「すでに」と「いまだ」との中間時の移行の中にあることを示している。

23　知恵と知識の宝　（コロサイ2・3）

キリストのうちには知恵と知識との宝が、いっさい隠されている。（口語訳）

真理を学ぶことが学校での最大の課題であるが、この一年間にあなたがたは何を学ぶことができたであろうか。学校では知識の修得がめざされるが、その中には単なる知識とを超えた知恵を身につけることも大切である。

使徒パウロは「キリストのうちには知恵と知識との宝が、いっさい隠されている」と語っている。キリストご自身も真理のことを「宝」と言う。たとえば彼は「宝を天にたくわえなさい」（マタイ6・20）と勧め、天国の譬え話でも「天国は、畑に隠してある宝のようなものである」（同13・44）と言う。彼は身近な農夫の生活からは畑に隠されていた「宝」の話を、商人からは隠されていた「高価な真珠」の話をし、漁夫からは海中から網で獲った「よい魚」の物語を引き出している。いずれの場合も宝は深く隠されている特徴があって、このように深く隠された真理を掘り起こすには「探求」が求められる。

それゆえパウロはキリストのうちに隠された宝のことを「神の奥義なるキリスト」とも表現し、キリスト・イエスのうちには、わたしたちが全力を傾倒して探求すべき深遠なる真理が潜んでいると語った。したがってこの種の真理を把握するためには「豊かな理解力」が必要となる。というのも、この真理はだれにでも分かる一般的な常識ではないから、わたしたちが生まれながらもっている理性によっては把握できない。つまり、この隠された「奥義」というのは一般には人間的な力では簡単に理解されない「奥義」を指しており、英語のmysteryに当たる言葉であって、新共同訳では「神の秘められた計画」(「神の秘義」聖書協会共同訳)と訳されている。

わたしたちはこの真理を聖書の知識によってある程度は客観的に知ることができる。しかし隠された奥義は「知恵」のことであって、理性的には理解できない「内容」を含んでいる。それは「神の計画」とも訳されているような意味をもっている。ところがパウロは真理を探究するに当たって「巧みな言葉」や「巧みな議論」によって欺かれてはならないと警告している。この種の議論のことを彼は「人間の言い伝えにすぎない哲学、つまりむなしいだましごと」(コロサイ2・8)と言う。これは当時流行していた知識によって救いを達成しようとする人たち（グノーシス派）の思想を意味する。この哲学がギリシア・ヘレニズム世界に当時流行していたプラトン主義の哲学であることも今日では明らかになっている。パウロは知識によって救われるという学説に対決している。

この哲学に対してパウロは信仰を説き、信仰はキリストを信じて生きることによって新生し、これまでの生活から新しい生命に生まれ変わる転換によって実現する。それゆえ信仰は単なる理性的な知識から起こるのではなく、このようにして実際生じる生ける経験に根ざした知恵にもとづいている。

わたしは諸君と同じ若い頃からキリスト教の信仰に導かれてきた。青年時代にはキリスト教信仰に敵対する世界観との闘争に巻き込まれたこともある。この世界観は社会革命を説くマルクス主義であって、敵対者らはキリスト教信仰を批判して「信仰はアヘンである」とか「マルクス、レーニン主義は絶対の真理である」などと主張していた。だが、口先で真理を叫んでいる彼らが傲慢にふくれ上がっており、その「心が荒廃している」ことをつぶさに知るようになった。こうした論争とパウロがここで戦っている哲学との対決は類似しているように思われる。大切なのは理性と知識だけでなく、同時に信仰と知恵とがそこに伴われていることである。それゆえ信仰に基づいた理性や知恵に裏付けられた知識が大切であって、それがないと理性は傲慢となり知識はふくれ上がってしまう。理性と信仰、知識と知恵が総合されたのがヨーロッパ文化であって、こうのような総合から実に豊かな思想が創造的に展開されてきた。永い研究によってわたしはこうしたことの重要性を学んだのである。

旧約聖書の「コヘレトの言葉」12・1に「あなたの若い日に、あなたの造り主を覚えよ」というすばらしい言葉がある。新共同訳では「青春の日々にこそ、お前の創造主に心を留めよ」と訳されている（「若き日に、あなたの造り主を心に刻め」。聖書協会共同訳）。この言葉を信仰の先輩から何度も聞かされてきたが、わたしはその意味を最近になってやっと理解できるようになった。それは神がわたしたち一人ひとりと共にいて、わたしたちを、一歩一歩、確実に導き、ご自身のご計画を実現なさろうとしているということである。これこそ「神の奥義」である「神の秘められた計画」にほかならない。

「若い日々」や「青春の日々」のまっただ中にある皆さんがそれぞれに向けられた「神の秘められた計画」を理解なさるように願ってやみません。

24　幸福について　（フィリピ3・8）

わたしは、更に進んで、わたしの主キリスト・イエスを知る知識の絶大な価値のゆえに、いっさいのものを損と思っている。（口語訳）

それればかりか、わたしの主キリスト・イエスを知ることのあまりのすばらしさに、今では他の一切を損失とみています。（新共同訳）

パウロはイエス・キリストとの出会いによって生じた大いなる変化についてこのように語っている。彼はヘブライ民族の出身であること、ベニヤミン部族に属していること、ヘブライ人中のヘブライ人であること、つまりエリートであること、厳格なファリサイ派の人であること、道徳的にも落ち度のないことを誇っていたが、イエスを知ることによってそれらを「ふん土」のように切り捨てるようになったという。その際、彼は「絶大な価値」に出会ったと述べているが、この言葉は「卓越したもの」「優れたもの」という意味である。ところが邦訳聖書はこれを「絶大な価値」という素晴らしい表現で伝えている。新共同訳では「あまりのすばらしさ」と訳している。

この「絶大な価値」ということについて考えてみたい。というのは価値の高さの基準となるものに価値感得に伴う「満足の深さ」があって、それは「充実」の体験として与えられているから。充実は単なる「快適」や「快楽」とは関係がない。また物質的な満足、たとえば「満腹」は強く感じられても、表層的で一時的であり、決して深い満足を与えない。聖書の中にはこの種の深い満足を述べている箇所が多くある。「アブラハムは長寿を全うして息を引き取り、満ち足りて死に、先祖の列に加えられた」(創世記25・8)、「そしてイスラエルは言った、〈満足だ。わが子ヨセフはまだ生きている。わたしは死ぬ前に行って彼を見よう〉」(同45・28)などと語られている。こういう満足は長い人生経験の深みで感じられたもので、信仰の生活にふさわしい充実した体験の表出である。そこには幾多の苦難が隠されているからこそ、深い満足感が生まれてきている。

同じことは主イエスが「貧しい人たちは幸いである」(ルカ6・20)といい、「今満腹している人々は不幸である」(同6・25)と言うときにも、「絶大な価値」の体験が一つの充実経験として認められる。一般の考えによれば「貧しさ」は「不幸」であり、「満腹」は「幸福」

であるのに、こうした対応がイエスの言葉では逆さまになり、「貧しさ」が「幸福」と、「満腹」が「不幸」と結びつく。これは真に人々には理解しがたい事態である。ときどきイエスの言葉が理解しにくいことがある。

たとえばイエスは弟子たちを前にして「あなたがたは世の光である。山の上にある町は隠れることができない」（マタイ5・14）と語っている。もしわたしたちが弟子たちの現実の姿を思い浮かべてみるなら、彼らの姿は実にみすぼらしく、とても「世の光」であるとは考えられない。ところがイエス自身は「すべての人を照らすまことの光」（ヨハネ1・9）であって、このイエスとの交わりにある者はその信仰によってイエスから来る光を受け止め、心中《しんちゅう》にその光を蓄え、世に対し光となっている。したがって弟子たちの心にはイエスの光が反射して輝いている。このようにイエスの発言にはこの霊的な交わりが前提されている。イエスの前に現に集まっている人たちとの霊的な交わりの中でイエスは語っている。だから先の貧しい人たちも、イエスとの交わりによって霊的に富んでいる。

『世界がもし100人の村だったら』（マガジンハウス、二〇〇一）という本によると、100人中のわずか6人が世界の富の59％を所有している。しかも、それはアメリカ人であって、100人中の74人が富の39％を、20人がわずかに富の2パーセントをもっているに過ぎない。さらに財布にお金があって預金している人は8人の内に一人であるという。それゆえ皆さんの中の8人に一人がポケットにお金をもっていることになる。こういう状況の中でイエスが貧しい人の幸福を語っている。貧しい人は頼るべき何物ももっていない。人々が幸福と考えている何物ももっていない。しかし、この人たちこそ「神との交わり」の中に「絶大の価値」を認めることができる人なのである。ではどうしてこのような転換が起こるのであろうか。

幸福を求めないような人は一人もいない。実に幸福こそ万人の求める切なる願いである。しかし、すべての幸福追求は挫折する宿命をもっている。幸福の理想が高ければ高いほど、その達成は絶望となってくる。このときわたしたちは一体幸福とは何であるかと真剣に考えざるを得ない。聖書の中ではイエスと共にある神との交わりに幸福の源泉が求められている。この聖書の世界ではイエスをはじめ皆仕事に携わっている人たちのことが語られている。それぞれの幸福を実現するためには「仕事」がきわめて重要である。「仕事」は「職業」の意味で使われるが、日本語の仕事は字義的には「仕えること」を意味する。つまり「奉仕」や「愛のわざ」を意味している。わたしたちは皆、神と他者に仕えることによって見いだした使命を生涯をかけて実現することによって、充実した生活が生みだされ、幸福が自ずとそれに寄り添って生まれてくる。ローマの哲人セネカ(Lucius Annaeus Seneca, c. 4 BC ~ AD 65)

が『幸福な生活』という書物の終わりのところで徳の生活には善として幸福が伴われてくると説いている。幸福はこのような「善」(bonum)として「仕事」の「過分な報酬」つまり「ボーナス」として必ずや伴われるであろう。

25　主にある安息　（ヘブライ3・18）

（神は）いったいだれに対して、御自分の安息にあずからせはしないと、誓われたのか。従わなかった者に対してではなかったか。

イエスはイスラエルの最大の祭司モーセにまさる存在であった。なぜならモーセが神の家の忠実な僕《しもべ》「仕える者」であったが、イエスは神の家を忠実に治める「御子《みこ》」であるからである（3・5）。それゆえモーセによって締結されたイスラエル契約共同体、つまり民族としての神の家ではなく、イエスの建てたもうた神の家・神の王的支配・神の国、つまりエクレシアとしての聖なる教会に留まるようにとの警告と勧告とがなされる。モーセの率いる民族とイエスの率いる教会とは根本的に異質である。この二つの相違はヘブライ人への手紙三章によれば「安息」の相違である。

ヘブライ人への手紙では説教を聞いている人たちに神の声を聞いて悔い改める信仰の決

断を求めているのに対し、そこに引用された詩編は神の恵みを想起させている。イスラエルの伝統的解釈は紅海の奇跡という大いなる神の業《わざ》と荒野における導き、とりわけマナの給食という「神の恵み」にもかかわらず、民は心を頑《かたく》なにして神に叛《そむ》いた、と理解されている。だが、この心の頑なさは神の言葉に聞く信仰とは正反対の態度である。実際、主の安息に入るためには信仰によって神の言葉に結びつかなければならない。

信仰と対立する概念として「頑なさ」がここでは説かれる。ユダヤ人の頑なさについてレッシング（Gotthold Ephraim Lessing, 1729～1781）は『人類の教育』の中で語り、神が彼らをその民として選んだのは、この民を訓育できれば他の民を教育できると思ったからだと言う。同じくヘブライ人への手紙は神の声を聞かない「反抗」を罪の原因と見ている（3・16）。「聞かない」というのは、声が聞こえているのに「耳をふさぐ」行為であり。「聞いていて聞こうとしない」反抗的態度である（イザヤ6・10参照）。実際「頑な」とは「悔い改めようとしない」状態で罪に留まり続ける行為である。それは罪に罪を重ねる「罪の二乗」（キルケゴール Søren Aabye Kierkegaard, 1813～1855）である。この「頑なさ」さは、自己に閉じこもり、自己の可能性を絶対視するような「主体性の物神化」（自己神化）とも言えよう。

わたしたちは日々さまざまな試練に襲われている。この試練は頑なな心を砕く「神のハンマー」（ルター）にほかならない。砕けたる心のないところに「聞く」という信仰の態度は生まれてこない。したがって多くの試練を受けることに何か意味があるのではなく、重要なのは試練によって頑なな心が砕かれ、他者の声を受容するようになることである。また信仰によって与えられる「安息」とは世俗的なユダヤ人が切望したような、「憩いの地」（詩編95・11）、つまり「乳と蜜の流れる地」「わたしが彼らの先祖に誓った土地」（民数記14・23）ではない。神が与えたもう「御自分の安息」とは「キリストに連なる者」に授けられる安息であって、キリストとの交わりの中にある霊的な至福を意味している。

「主にある安息」とはこの霊的至福のことである。神が与える安息は信仰によって神の言葉に聞き従う生活なしには与えられない。頭でだけ考えた観念的な信念とは全く異質なものである。わたしたちの日常生活は世俗の営みから成り立っている。職場・家庭・市民運動・政治活動・ボランティア活動などの仕事のほぼ全体は世俗的なものであって、聖なる信仰とは直接無関係である。一週間のうち6日間は世俗生活であり、聖日だけが主《しゅ》にある安息の日となっている。しかしキリスト者は世俗生活をも信仰をもって生きる使命が与えられている。信じて神に従うとは日常生活の中で試練によって訓練されるのでないなら、頭だけの観念的な信念となってしまう。「荒野での試練」（3・8）とはこの訓練を指している。イスラエルの民は神の安息に入る前に大いなる困難の前で躓き、ひるみ、神に反逆する不信仰に転落し、「荒野での40年」（民数記17・33）の裁きを通して信仰が練り清められなければならなかった。

神と人とに見捨てられた十字架のイエスの御顔には平安も安息もまったく見えない。しかし信仰の目にはイエスの絶望的な死を通して神の慈しみと愛があらわれていることが見えてくる。それは不思議な光景であり、奇跡である。「主にある安息」とはイエス・キリストにある霊的な安息であって、世俗的には絶対に理解できない、十字架の主の下にある安息であって、ローマ帝国の極刑を受けるという世俗的には不幸の極致に霊的安息という至福の極致が結びついている。

わたしたちにも時折、重い試練が襲ってくる。それはわたしたちの体に棘が刺さった状態である。しかも、その棘が次第に深く食い込んでくると、絶望的になってこざるをえない。こうした試練に遭う者には、わたしたちと同様に試練を担ったイエスの御姿が身近に感じられ、イエスをいっそう深く理解することができるようになる。試練によって頑なな心が砕かれた者には神の言葉を聞き、それを受け取る態度が与えられる。そして神の言葉なるキリストを理解し、絶望的な不幸な死の中に神の至福な平安と安息とを捉えることが許されている。

26　新しい創造（第2コリント5・17）

だから、キリストと結ばれる人はだれでも、新しく創造された者なのです。古いものは過ぎ去り、新しいものが生じた。

コリント教会の中には、パウロの使徒職を疑問視するような人たちがおり、コリント人への第二の手紙5章は使徒職についてのパウロの弁明を内容とし、彼の神学における「和解」思想を展開させている。

使徒パウロは先に自分が福音の真理を伝える「土の器」（同4・7）にすぎないと語っていたが、それをここでも引き継ぎ、そのからだは「幕屋の家」、つまりテントのような貧しい造りではあるが、それをやがて終末において完成する「神による建物」と対比させてこの箇所を説きはじめている。ここでのテントと建物との対比はわたしたちの自然体と霊的からだの相違を示している。だが両者は、キリスト者に与えられている「霊」がわたしたちの自然のからだを変化させ、ちょうど「上に着た」(2節)重ね着のように与えられる関係におかれている。この「着る」ということばは、罪に染まり傷ついた身体という現実を認めた上で、それに神の恩恵をおおいをかぶせるという神の義認を正しく表すものである。そこにはプラトン哲学やグノーシス主義のような「肉体からの解放」が説かれているのではない。そうではなく自然体から霊体への変容がはじまり、「死ぬはずのものが命に飲み込まれる」(4節)ように「上から着せられる」ことが生じる。それゆえ「実際、〔上に〕着せられたなら、裸ではないことが知られよう」と3節は訳すべきであって、「それを脱いでも、わたしたちは裸のままではおりません」(新共同訳)と訳してはならない。パウロ自身も「脱ぎ捨てたいからではない」(4節)と語っており、「身体《からだ》からの自由」という考えを否定している。キリスト教はギリシア思想、たとえばプラトンやソフォクレスのように、死を願望したり、救いとみなしたりしない。そうではなく死は生によって勝利される希望の下に置かれており、からだが多くの重荷によって呻いていても、そこには福音の種が蒔かれ、霊のからだが育ちはじめている(Iコリント15・37—38)。このことは「霊の手付金」(保証として〝霊〟)という形で表明されている(IIコリント5・5)。この「霊」によってわたしたちのからだは全面的に霊体に変容する。福音は洗礼による霊のそそぎによって、その実りである「初穂」(ロマ8・23)

が与えられており、霊体の完成を保証している。もちろん不完全なわたしたちの現実では、古い世の中に生きているかぎり、信仰によって歩んでおり、いまだその完成を見ていない（同5・7）。しかし霊を授けられているキリスト者は、これによって神の意志を実現することができるのであるから、「体を住みかとしていたときに行ったこと」（10節）に応じて審かれる。これが「キリストの裁き」である。

パウロがキリストの審判の前に立つとき、彼が正しかったことを証してくれるのは、コリント人たちの良心であった。そこで彼は自分の真実の証人となってくれるよう、当時ストア派で用いられはじめていた「良心」という言葉をもってコリントの人たちに訴えている（同11節）。実際「良心は千の証人である」（クリンティアヌス）からである。しかしパウロはそれによって彼の敵たちのように「自己推薦」をしようとするのではなく、むしろ「外面を誇る人たち」（同12節）に決定的に対抗するためである。彼の敵たちは、パウロの神秘家としての側面をも攻撃していたらしい（同13節）。パウロは「キリストの愛」が神への狂気のような熱愛と隣人への正気の奉仕をなすべく自分を駆り立てている、とこれに対し答えている（同14節）。こうして彼はキリストの愛がいかにわたしたちのために死にまでいたらせたかを語り、和解の根底にある霊的な現実とその出来事について語っていくのである。

ここでは「和解」ということばにのみ注目してみたい。その意味は、①交換、②仲直り、③恵みの状態の回復（新しい創造）である。神の愛はキリストにおいて神と人との関係を回復させる出来事となっており、この三つの意味が述べられている。なかでも「交換」の意味が重要である。キリストはわたしたちすべての者のために死にたもうたのは、キリストが全人類との運命共同体という秘儀的関係に入っていることを表わしている（5・14、15）。古代社会において人は他者との共同なしには生きられなかった。この共同体と自己との運命的一体観は今日でも家族共同体の中に生きている。しかも、キリストは人間の罪を負い、自己の義を人間に与えている。これがキリストによる神と人との間にかわされる「交換」である。「交換」とは実際、「取引き」のことである。一般に交換の正義は相互的な利益の享受から成り立っており、ギブ・アンド・テイクといった互恵主義的なものである。ところが、ここで成立している「罪」と「義」との交換は応報的な計算によるものではなく、創造的な神の愛にもとづいて初めて成立するものであって、わたしたちにとってきわめて「歓ばしい交換」（ルター）なのである。

ルターは義認をキリストと魂との間で行なわれる「喜ばしい交換」において捉え、この「取引＝交換」について次のように言う。

「このように富裕な高貴な義なる花婿キリストが貧しい卑しい賎婦を娶って、あらゆる悪からこれを解放し、あらゆる善きものをもってこれを飾りたもうとしたら、それは何とすばらしい取引ではないか。」（WA. 7, 26, 4-7）

ここでの花婿と花嫁との結婚はキリストが「富裕な高貴な義なる花婿」であるのに対し魂のほうは「貧しい卑しい悪い賎婦」であると規定される。それゆえ両者の結合関係は常識的な対応関係を完全に覆す「逆対応」となっている

パウロにおいても同様に驚くべき交換の上に神と人との仲直りである和解が成立する。和解はわたしたちの力によってではなく、神の一方的な上からの愛によって生じ、この愛はキリストにおける贖罪の出来事となっている。

こうして神と和解した人は新しく創造された者であり、自分に授けられた和解の福音にしたがって生き、この和解に奉仕する任務が授けられている。ここから「わたしたちはキリストの使者の務めを果たしている」（5・20）とのパウロの偉大な使徒としての使命もコリントの人たちに向けて語られる。

27　天に宝をたくわえなさい　（マタイ6・19、21）

天に宝を積みなさい。……あなたの宝のあるところに、あなたの心もある。

イエスはキリスト者の義をファリサイ派の人たちと比較してから、新しい義の特徴をまず「宝」によって語っている。「天にある宝」とは何か。とくに「積みなさい」とあることから直ちに想起させられるのは中世カトリック教会が聖人の宝として蓄えていた「功徳《くどく》」とそれにもとづく悪名の高い「免罪証書」である。また内村鑑三（1861～1930）は『後世への最大遺物』という講演で富士の裾野に水道を造った兄弟の功績を語っている。ではユダヤ人たちは「天にある宝」をいかに理解していたであろうか。ユダヤ教に改宗したモーバズという王が先祖伝来の財産を売り払って民の飢えを救ったとき、自分の宝は天にあると言ったそうである。またラビのヨセ・ペン・モスマの言葉に「人がこの世を去るときにもってゆけるのは、金・銀・宝石ではなく、律法の知識と善行だけである」とあるように徳行が宝として考えられていた。

ところがイエスは「あなたがたの義が律法学者やファリサイ派の人々の義にまさっていなければ、決して天国に、はいることはできない」(マタイ5・20)と言う。するとこの義はユダヤ教の理解を超えていたことが知られる。イエスが強調しているのは「あなたの宝のあるところに、あなたの心もある」という「心」である。彼は伝統的律法の解釈に二つの批判を対置する。その一つは外面的に律法を守る態度、つまりファリサイ派的な義に対する批判であり、これが「心」という内面性の対置となる。第二はこの心は神と人との人格的な関係から成立している点である。

この「心」についてイエスは「心の清い人たちは幸いである」(マタイ5・8)、「情欲をいだいて女を見る者は、心の中ですでに姦淫したのである」(同5・28)と述べて、「心」のあり方によって人間はいかなる行為をなすかが決定されるという。「おおよそ、心からあふれることを口が語るものである」(同12・34)。したがって心は人間の意志の全体を示し、それが天に向けられているならば、そこに神と宝とを見いだしており、地上のものにもっぱら向かっているなら、地上のもの自体がどんなによくとも、それへの過度な欲望によって汚される。

したがって「あなたの目が澄んでいれば」(6・22)というのは、目が神のみに向かっていればという意味であり、目を支える心の動きが専一的に神に対向することを言う。心の対向性は「清い目」であって、それが他の方向にそれていくと、病気にかかり、自分の欲望によって曇らされる。こうして「情欲をいだいて女を見る」といわれ、そこから「姦淫、貪欲、邪悪、欺《あざむ》き、好色、妬み、誹《そし》り、高慢、愚痴」(マルコ7・22)が出てこざるをえない。これに対し清い心の人は神を見、この光に照らされ光の中を歩むことができる。「われらはあなたの光によって光を見る」(詩篇36・9)とある通りである。

この心に向かってイエスの言葉は決断を迫るものとなっている。「だれも、ふたりの主人に兼ね仕えることはできない」(マタイ6・24)とある。また「あなたがたは、神と富とに兼ね仕えることはできない」(同24節)とも言われる。この決断への促しはわたしたちの生き方の全面的転換を強いるものであって、そこには神に向かって「汝」と語る場合の心の「専一性」がよく語られている。「だれでも、父、母、妻、子、兄弟、姉妹、さらに自分の命までも捨てて、わたしのもとに来るのでなければ、わたしの弟子となることはできない」(ルカ14・26)。ここにある「捨てる」は富や宝の全面的な放棄を意味するが、それは放棄に意味があるのではなく、神との純粋な人格関係に心が入ることを意味している。それゆえイエスは富める青年に対し「持っているものをみな売り払って貧しい人に施しなさい、そうすれば、天に宝を積むことになる」と言うが、続けて「わたしに従いなさい」と命じている（マルコ10・21）。したがって財産の放棄はイエスに全面的に従う意志を表明しているのであって、施し自身に意味があるわけではない。イエスは慈善家でも、その奨励者でもない。そうではなく心が専一的に神に対向するように呼びかけており、神との人格的な関係の中にこそ真の宝があることを説いて止まないのである。

たしかに「金銭を愛することはすべての悪の根である」（Iテモテ6・10）。しかし金銭自身が悪いはずがない。それは「日ごとの糧」を得るには不可欠である。問題は「心」であって、心が神ではなく金銭に傾くならば、そこに傾く愛のゆえに悪化している。心が全面的に神に対向しないだけ、それだけ心は他のものによって埋め合わされていることになる。神が「汝」と言ってわたしたちに呼びかけてくるがゆえに、わたしたちも神に「神さま」と言って応答すべきであって、そこには他の一切を排除する「専一性」が求められている。これは富や宝の一切を一度は切り捨てて、神に対向することによって、それらを単なる手段とならしめる。この単に手段にすぎない相対的なものがいつしか目的となっているところに、不信仰と一切の悪の源泉がある。一切の所有物を神のために手段化していったところにプロテスタンティズムの倫理が新しい世界を創造する力を発揮できたことを明記すべきである。実際「愛は決して滅びない。預言は廃れ、知識は廃れようとも」（Ⅰコリント13・8）。この愛こそ「天の宝」にほかならない。

28 「父よ」と呼ぶ霊 （ローマ8・9―10）

神の霊があなたがたの内に宿っているかぎり、あなたがたは、肉ではなく霊の支配下にいます。キリストの霊を持たない者は、キリストに属していません。キリストがあなたがたの内におられるならば、体は罪によって死んでいても、〝霊〟は義によって命となっています。

ローマ書第8章の前半はキリストの御霊による罪と死からの自由（1―11節）と御霊によって生きる者（12―17節）との二部から成っている。御霊は「キリストの霊」と呼ばれ、その働きによってわたしたちも御子と同じように神に向かって「父よ」と呼びかける者となる。それゆえ「霊」を正しく理解しなければならないので、その意味をはじめに考えてみたい。「霊」（プネウマ）はヘブル語の「息」（ルーアッハ）のギリシア訳であって、創世記の初めには「神の霊が水のおもてをおおっていた」と述べられ、原始の積水《せきすい》の上に神の息吹きが激しく迫っていたと考えられている。この神の息は「主なる神は土の塵から人を造り、命の息をその鼻に吹きいれられた」（創世記2・7）とあるように、塵の「肉」なる人を生かす「霊」である。神の霊はやがて人の肉と対立するようになり（創世記6・3）、神の霊が去ると人は死に、霊が送られると生きるものとある（詩104・29—30）。人間の霊は人間の心の最も深いところであり、神の霊との出会いが信仰により生じる場所であり、肉の中にあって、異国の他の大使館のように、神が人に宿りうるところである。そして人間は神の霊の働きによって、肉が霊に変化してゆく移行過程にあるもので、アダムも罪を犯さない場合でも、次第に霊化してわたしたちの生命に移行するはずであったと考えられている。

しかしアダムの堕罪以来「罪と死との法則」の支配下に置かれていたわたしたちは「イエス・キリストにある者」とされ、「命をもたらす霊の法則」の下に移されている（ローマ8・1—2節）。律法は肉によって無力となった人間を救いえないで、かえって罪を認識させ、人間のみじめさを自覚させる。だが、律法の時代は御子が「罪深い〈肉〉と同じ姿で」（共同訳）来たりたもうことにより終った（同3節）。こうして御霊はキリストに働いて罪と死の支配を打倒し、御霊に導かれ霊に歩むわたしたちによって律法は実現されるにいたった（4節）。ここから、パウロは肉と霊との絶対的対立を説くが（5—10節）、キリストとの霊による交わりは身体を肉から解放し、「死ぬべきからだ」つまり罪に汚染して死の宿命を負う身体をも、御霊の創造的な働きによって再び生かす、と説いている（11節）。肉は霊と対立しており、殺すべきであっても、身体の方は霊により生かされ、他者との交わりの機能として新生するのである。したがって「身体」は物理的生物学的作用以上の、他者との具体的交わりという共同の生を担う主体であり、霊が肉を殺すとき、身体は生きかえるのである。

ところでキリスト者において肉は死んでいるのだから、「肉に従って生きる責任は」もはや存在しない。たとえ肉が残っていても「霊によってからだの悪い行いを絶つならば」（共同訳）、永遠の生命にいたる（12–13節）。

さらにパウロは「すべて神の御霊に導かれている者は神の子である」（14節）と言う。「神の子」とは「神の子たち」のことであって、神の御子キリストを長子としたキリストに倣《なら》う存在である。どう倣うのかというと「子」として神を「父」と呼ぶ人格関係の交わりに入るように勧められている。このような子は「奴隷」ではなく、「子たる身分」（ビオテーシア）、つまり「養子縁組」を授けられた存在である。わたし自身もかつて叔父の家の養子であったが、キリスト教の信仰のゆえに縁組みを解消されたことがあった。そのとき養父を「父」と呼ぶことがどんなに自然なことかと身をもって感じた。イエスと同時代のユダヤ人たちは肉の父に対して「アッバ」を用いたが、神には用いていなかったといわれる。また、ユダヤ教のしきたりでは祈りは小声で口ずさむことになっていた。ところが神に対し「アッバと声高らかに唱える」（15節）賛歌が今や起こっている。それは御霊がわたしたちの霊と共にいて助けてくださるからである（16節）。

神を「父」と呼ぶこの心の息づかいとその声こそわたしたちの霊の働きである。「神は霊である。だから霊とまことをもって神を礼拝すべきである」（ヨハネ4・24、口語訳）とイエスも語っておられる。父よと呼ぶ霊は神の御霊の促しにより、声を発すると共に、わたしたち自身をキリストと同じく愛の人に造り変えている。この愛の人はキリストと共に栄光のみならず苦難にもあずかっている（17節）。だが、この苦難はわたしたちを再び「父よ」と神に叫ぶ祈りに向かわせるのである。

29　霊的な礼拝　（ローマ12・1―2）

自分の体《からだ》を神に喜ばれる聖なる生けるいけにえとして献げなさい。これこそあなたがたのなすべき礼拝です。

ローマ書12章からパウロは日常生活のなかで神の義をいかに実践してゆくべきかを説きはじめる。12・1―2はこのようなキリスト教倫理の序論に当てられている。その中でとくに「霊的な礼拝」といわれていることについて学んでみたい。

パウロはキリスト者の実践についての第一声を「供え物」という古めかしい祭儀の言葉をもって語りはじめている。しかし、古い祭儀の内容、つまり罪の償いとしての犠牲の意味は、全く消え去り、救いのための手段ではなくなり、感謝の献げ物に変えられている。

しかも、動物とか財産とかお金とかいったわたしたちの所有物や付属物ではなくて、「あなたがたのからだ」（口語訳）を献げるように彼は勧告する。「からだ」とは精神と分けられた身体のことではない。「あなたがたの死ぬべきからだを罪の支配にゆだねて」（ロマ6・12）、また「子たる身分を授けられること、すなわち、からだのあがなわれること」（8・23）などの用法を見ても分かるように、からだとは具体的に他者と交わる能力、この世と関係しているわたしたちの存在を示し、キリストのからだなる交わりに入ることによって「子たる身分」にされるわたしたちの存在を表わしている。したがって、ここでも「からだ」とは他者と関わりながら生きているわたしたちの生き方の全体を指している。これをパウロは「生きた」しかも「神に喜ばれる」供え物であるというばかりでなく、「聖なる」供え物であるとまでいう。この「聖」の観念は道徳的意味ではなくて、「神の臨在に対して開かれ、それを証言する」（ケーゼマン Ernst Käsemann, 1906～1998）という意味である。このような供え物をささげることこそ「あなたがたのなすべき霊的な礼拝である」（1節）とパウロは言う。

「なすべき霊的な礼拝」という訳語は「理にかなった奉仕」のことで、理性的な礼拝を意味する。「理性的」という言葉はヘレニズム時代の哲学で愛用されていたもので、パウロと同時代に活躍したエジプトのアレクサンドリアのユダヤ人哲学者フィロン（Phílōn Alexándreia, c.25/20BC～c.45/40AD）においても同じような使用例があるので参照してみよう。フィロンによると、神を崇拝するよう召されている魂は、「非理性的に、あるいは無分別にではなく、知識と理性をもって」行為する。また彼は今問題にしている供え物についても「彼らは主に理性的で血なまぐさくない供え物として薫香の芳しい香りを捧げる」と述べ、理性的な供え物の必要を説いた。この事例からも明らかなように供え物は神のロゴス、神的理性にふさわしいものでなければならない。そして「神は霊であるから、礼拝する者も霊とまことをもって礼拝すべきである」（ヨハネ4・24）。それゆえに、神が聖霊によって供えてくださった主の祭壇に進みゆく者も霊と真実とをもって供え物をすべきである。

次に「礼拝」とは何をいうのか。礼拝とはもと「奉仕」の意味であり、ドイツ語のゴッテスディーンスト（神への奉仕 Gottesdienst）がよくその内実を表現している。キリスト教においては礼拝こそ奉仕の出発点である。礼拝と切り離されると、奉仕はいつの間にか不信仰に転落して行く宿命をもっている。

「だから、神への奉仕（礼拝）は、あなたが神を知り、敬い、心を尽くして愛し、あなたの信頼と確信のすべてを神におき、神のいつくしみを決して疑わないことにによって成立する。わたしたちがここに至るのは、ただキリストの先立つ奉仕と、血潮とによってのみ可能であり、わたしたちがキリストの言葉を聞いて信じるとき、キリストはそのような心をわたしたちに得させ、また授けたもう」（ルター）。

キリストによって神の礼拝に導かれた者は、すでに消え去っている古い世界との関係を断ち切って、新しく造りかえられている。パウロは「この世と妥協してはならない」また「造りかえられる」（2節）という言葉によってこの事態を語る。その際、彼は「心を新たにすることによって」と付言する。「心」とは「理性」のことであって、全人格の刷新により、理性も新しくなり、「正しからぬ思い（理性）」とは全く異なる方向へ転換している。彼が「理性によって語る」（Ⅰコリント14・19）ことを勧めているように、信仰は理性を排除しない。理性を排除するような狂信はキリスト教信仰とは相容れない。そうではなく信仰によって働く理性は「何が神の御心であるか、何が善いことで、神に喜ばれ、また完全なことであるかをわきまえる」（ロマ12・2）ようになる。わたしたちは神を信じるがゆえに、それぞれ与えられている状況の中にあって、現世のさまざまな力に屈することなく、その都度の状況に対して正しく判断を下し、適切にかかわり、神の御旨にそって行為する勇気が与えられている。律法は日常生活の新しい状況の下で桎梏《しっこく》（手かせ足かせ。自由を束縛するもの。）になる場合が多い。律法よりも神の方が偉大であり、律法のみならず、状況によっては律法をこえて「神に喜ばれる」ように判断を下すのも信仰の下なる理性の働きである。

このようにパウロはキリスト教倫理について序言を述べてから日常生活の具体的な勧め

に入ってゆく。

その多くの勧めの言葉の中から今日は「信仰の量《はか》り」ということと「復讐」もしくは「呪い」について考えてみたい。信徒の共同生活の中で秩序を保っていくことはローマ教会やコリント教会においてはかなり困難であった。というのは「霊の賜物」を重んじることは当然であっても、神の言葉と信仰を排除する霊性主義者や熱狂主義者が自己を過大評価し、狂信者の場合には天的賜物が爆発したり暴走したりすることにより行動が急進的ともなって、教会の秩序を破壊する傾向をもっていたからである。そこで、パウロは「思うべき限度を越えて思いあがることなく、むしろ、神が各自に分け与えられた信仰の量りにしたがって、慎み深く思うべきである」(3節)と言う。これは高慢をしりぞけ、思慮分別を説くギリシア悲劇作家たちと同じ思想であり、アリストテレスの倫理思想にも一致する。パウロとギリシア思想は結論において同じであるが、「信仰の量り」を力説するところにパウロの特質がある。彼は霊の賜物は信仰に応じて各信徒の働きとなっている点をこの章の4節から8節まで説いている。つまりキリストに対する奉仕の中に霊の賜物がとり入れられ、具体化し、個別化し、役割に分担され、共同体の秩序を形成してゆくとき、それは恵みの賜物となっている。

霊の賜物が奉仕から分離すると暴走しやすく、コリント教会のような内部分裂が生じてくる場合が多い。霊の賜物が自己を絶対視する「高ぶり」に陥るとき、霊は罪の根源ともなり、悪魔的傾向が生じてくる。この高慢を克服する道はギリシア悲劇のように悲劇の浄化作用（カタルシス）によるのではなく、神への奉仕、つまり礼拝の中で霊の賜物を恵みの賜物として捉え直すことに求められる。霊の賜物を神から授けられた、いな貸与された能力とみなし、かつ共同体の中で一定の役割を担うべく分与されたものとみなすことにより、他の人によって代替不可能な独自性と権威、またその限りで自己の可能性を追求する献身の自由とが保たれることになる。このように与えちれた能力を神から預かった恵みと理解し、自分の所与とみなさないところに信仰があり、霊と信仰とは表裏一体の関連に立っている。与える側から霊の賜物はそそがれるが、受ける側からは信仰によってそれは生かされるのである。キリスト者は賜物を受けて奉仕へと具体化して行くところに各自の「信仰の量り」が存在することになる。こうして各人が共同体の枝としてそれぞれに委任されたわざに献身するとき、分限を越えない節度と思慮深さが体得される。

12章の倫理上の勧めは最後に復讐を禁じ、善をもって悪に勝つように説いている。だが、復讐したくとも無力のゆえに果たせない奴隷道徳のルサンチマン（怨恨）がここにあるのだろうか。ニーチェ（Friedrich Wilhelm Nietzsche, 1844～1900）はこのようにキリスト教道徳を批判した。シェーラー（Max Scheler, 1874～1928）はこれが妥当しないことを反証したが、20節に引用された箴言の言葉には、ルサンチマンの残滓《ざんし》が見られるという。七〇人訳でない、もとの旧約本文はもっと穏やかであり、19節の申命記の引用でも同様のことが言える。このルサンチマンを激化した感情に「呪い」があり、パウロは「あなたがたを迫害する者を祝福しなさい。祝福して、のろってはならない」（14節）と勧めている。しかし、このような発言の背景には主イエスの姿が浮かび上ってくる。主は言いたもう、「しかし、わたしはあなたがたに言う。敵を愛し、迫害する者のために祈れ。こうして、天にいますあなたがたの父の子となるためである。……それだから、あなたがたの天の父が完全であられるように、あなたがたも完全な者となりなさい」（マタイ5・44、45、48）と。迫害に対し復讐したいと思うのは自然の情である。しかし復讐や憎悪が無力感のゆえに抑圧されると、怨恨や呪いが生じ、純粋な形の放火魔や無差別殺人行為へ暴発することがよく見られる。差別された人、僧侶、老人、受身的な女性など、またおとなしく言葉少なく、はにかみやで行儀のよい素質の人も怨恨に陥りやすい。しかし、主イエスは天の父の愛ゆえに、迫害する敵をも愛する愛を説いている。この愛はパウロによると「更に大いなる賜物」（Iコリント12・31）であり、「聖霊によって、神の愛がわたしたちの心に注がれている」（ロマ5・5）。神から与えられた愛と赦しとの絶大なる価値のゆえに、キリスト者は敵をも愛するように召命されているのであり、ここに天の父の完全性に子としてあずかっている者の使命がある。

パウロはロマ12・2で「何が全きことであるか」をわきまえ知るように勧めていた。この「完全性」は実に天の父の完全性を指し示しており、キリスト教倫理の究極の姿である。わたしたちの現実はこの完全性から遠いかぎり、ただ信仰によってのみわたしたちは生きざるを得ないのであるが、神の恵みの賜物はキリストのからだなる教会の技にわたしたちを加えたまい、天の父の完全性にあずかり、そこへ向かって生きるよう励ましている。

30　自由と奴隷（ガラテヤ5・1）

この自由を得させるために、キリストはわたしたちを自由の身にしてくださったのです。だから、しっかりしなさい。奴隷の軛に二度とつながれてはなりません。

パウロはガラテヤ教会の信徒に「福音の真理」を説き、キリスト教信仰のユダヤ主義への転落を阻止しようと試みてきたが、手紙では到底教会員の一人ひとりに「キリストの形」を刻み付けることができないことを痛感し、「語調を変えて」（4・19）、直接一人ひとりの心に親しく語りかけたい、と願うようになった。これまでパウロが語ってきた基本的教えを理解することは、当時の人々には、とりわけユダヤ人のキリスト信徒たちにとり、きわめて困難であった。それは律法がユダヤ社会を支える土台となっていたからである。律法は同時に市民法として共同体を支えている力、もしくは土台（ストイケイア 4・3）であった。だからパウロが「キリストは律法の終わり（テロス）となり」（ローマ10・4）、神の福音へとわたしたちを招き入れたもう、と語ったとき、彼らはこれを理解することができなかった。そこで彼はもう一度新しい角度からこの問題に取り組んでいく。この新しい視点というのは「キリストがあなたがたの内に形づくられるまで、わたしは、もう一度あなたがたを産もうと苦しんでいます」（4・19）という言葉に示唆されている。

キリストを自己のうちに形成するというのは、わたしたちが何らかの行為によってキリストと「なる」のでも、「造る」のでもなく、霊と信仰によって「産まれる」ことを意味する。人間の手になるものは、その本性の「肉」のゆえにやがては朽ちていく。しかし、「霊」の力により新しく産まれるならば、永遠に生きることだってできる。この「産まれる」という視点からこれまで論じてきた「アブラハムの信仰」から眼を転じて、「アブラハムの二人の妻と子供たち」の物語を比喩として用いて、ちょうどイエスが譬え話で印象深く「神の国」について物語ったように、いっそう解りやすくパウロは説き始める。

「律法の下《もと》にいたいと思っている人」（4・21）とはユダヤ教の法律・習俗・道徳に留まりたいとの願いをもっている保守的な人たちを指しており、彼らはキリスト教を結局ユダヤ教の一分派とする危険に陥っている。そこで彼らこそ自分たちの尊重する「律法」すなわち旧約聖書の五書に書かれていることに注目すべきである、とパウロは語って、創世記にあるアブラハムの二人の妻と二人の子供の物語を取り上げる。すなわち、女奴隷ハガルとその子イシュマエルおよび自由の女サラとイサクの誕生物語である。両者の誕生の相違は、前者の誕生が「肉によって」生じ、後者のそれが「約束によって」生じた点にある。どちらもアブラハムの血肉として生まれてはいても、一方は純粋に「肉的」誕生であったのに、他方は神の「約束」つまり「契約」による誕生であった。旧約聖書はその聖なる歴史を神と人との契約の歴史として叙述している。とりわけユダヤ民族の父と仰がれるアブラハムに対する契約としてその子イサクが誕生したことは、人間的可能性を超えた驚くべき奇跡的出来事として述べられている。高年出産、否、老年出産は死んだ胎からの生命の奇跡的誕生であり、神の霊の強い働きが説かれている。この出来事はハンナの祈りにあらわれ、イザヤの預言につながる伝承を形成している。

パウロはこの出来事は比喩（アレゴリイ）であると解釈する。比喩は叙述の構成部分がそれぞれ対応する意味をもつ。それに対し、譬えのほうは叙述の全体が一つの意味を明らかにしている。ここでの比喩の構成は次のようになっている。

（1）奴隷の身分の子を産む女→シナイ契約→ハガル（岩山の名前）→今のエルサレム（古い契約に束縛された奴隷状態）。

（2）自由の身分の子を産む女→新しい契約→サラ→天のエルサレム（霊の自由に生きる状態）。

ところで、シナイ山がアラビア語で女奴隷ハガルと同じ名前をもっていたところから、この比喩は作られている。つまり、ハガルがアブラハムに実の子を産んだように、シナイ山の契約も神に実の民を産む。そしてイシュマエルがアブラハムの実の子であったように、イスラエルの民も神を真の父としてもっている。神はシナイ山で律法を授け、古い契約が立てられた。ところが神の約束、つまり霊的な恩恵が天から民の心に授けられず、肉のままであったため、民は律法の文字に捉われ、無代価ではなく条件付きの約束に縛られ、奴隷状態に陥っていった。これが現在のイスラエルの状態で、シナイ山はアラビアからユダヤのエルサレムに連続している。したがって現在のエルサレムはサラではなく、シナイ山に繋がるハガルに当たる、とパウロは解釈する。このように律法による支配が定着している地上のエルサレムに対し、霊的で天上的なエルサレムがこれに対置される。

両者の対比はイザヤ書54・1の引用により提示される。これはハンナの祈り（サムエル記上2・4―8）からきている。「子のない女は七人の子を産み多くの子をもつ女は衰える」（同2・5b）。これは子のなかったハンナが主の霊を受けて身籠もり、サムエルを主に捧げたときの祈りである。イザヤの預言、肉において夫もちの多産である女性が衰えはて、肉において夫をもたず子のない女性が霊において多くの子をもつ、という発言はハンナさらにサラの出産伝承と類型的に繋がっている。肉の栄えは外見上の栄光を求め、律法に寄り頼み、目に見える業績を地上に高く積み上げ、こうして得られる「行いの義は、大いに輝かしく、栄えているので、この全地での最強の女帝である」（ルター）。それに反し、霊は自己の不妊の様を自覚し、神に寄り頼んで、信仰によって神の力のうちに生き、霊によって神の子を産むにいたる。ここに対立しあう二つの類型の対比が明瞭になる。

この対立は究極において肉と霊との対立であり、霊が肉を駆逐するのは、もはや人間の努力や能力によるのではなく、神の言葉に対する信仰と聖なる霊の受容とによる新しい誕生以外にはない。そして信仰の義を体得したあなたがたはイサクのように「約束の子」である（4・28）。

ところが肉の人が霊の人を迫害することは、昔も今も変わらない（4・29）。これは創世記21・9（サラは、エジプトの女ハガルがアブラハムとの間に産んだ子が、イサクをからかっているのを見て、）に由来する。パウロの時代でも同様で、単にアブラハムの肉の子に過ぎない人たち（ユダヤ人）が信仰と霊とに生きる人々（キリスト者）を非難し迫害している。さらにルターも、「このことを今日わたしたちは自らの経験によって学んでいる」と語っている。続くサラの言葉は、女奴隷とその子の追放を告げる審判として告知されている。

霊をあざける肉の声は、自由な信仰を知らないで、律法を外面的に遵守する硬直した心の持ち主から発せられる場合が多い。しかし肉のみに人が生きることはできない。肉のみを頼りにすることの恐ろしさと危険を知らない人はいないのではなかろうか。肉がその不信のゆえに自己中心的となり、より高い価値や目標に従わないときに、自己破壊を引き起こす。肉の衝動には強力な力が潜んでいても、それを指導する力が必要である。理性は目標をかかげ理想を説いても、それを実現するにはあまりに弱すぎる。ただ神からくる霊の力によってのみわたしたちは、はじめて肉の力を支配し、それを霊に奉仕させることができる。神の霊が女性の胎を開いて産まれた霊の子の誕生によって、新生したキリスト者は肉を支配し、神の業に参与することができる。

31　信仰の成熟をめざして　（ヘブライ6・1―2）

だからわたしたちは、死んだ行いの悔い改め、神への信仰、種々の洗礼についての教え、手を置く儀式、死者の復活、永遠の審判などの基本的な教えを学び直すようなことはせず、キリストの教えの初歩を離れて、成熟を目指して進みましょう。

ヘブライ書の第6章はわたしたちに何を与えようとしているのか。驚くべきことに信仰の基本的な教えを学び直すのではなく、信仰の成熟を目指すべきことを勧めている。一般には信仰の基本に立ち返ることが奨励されているのに、ここでは信仰の初歩的な教えを離れて、成熟した認識に向かうように勧められている。

信仰の真理への成熟した認識とは何か。もちろんそれはメルキゼデクに等しい大祭司キリストについての教えである。それはヘブライ5・13にあった「義の言葉」という奥義の認識であり、信仰は成長していって神の深い教えの真理認識にまで成長しなければならない、とここでは説かれている。こうした「勧めの言葉」（ヘブライ13・22）はイスラエルの荒野における不信仰という「試練」（同3・8）に向けられており、そこには「流浪する神の民」というケーゼマンのヘブライ書注解書名が示す民の状況が反映している。

ヘブライ書の著者は5章後半で、その手紙の読者に対し、信仰の成熟すべき段階に達していることを告げる。その際、普通には教えの初歩が学び直されるように勧められるに反して、それを捨てて信仰の成熟に到達するように勧めている。これは実に予想に反する勧めである。初歩的な教えは冒頭の引用文にあるように要約して示される。これは洗礼志願者に問答形式でに教えられた六箇条の教えである。そして著者はこの初級の教えに留まることなく神の言葉の奥義に前進するように勧める。彼は前に「あなたがたは」といって叱責していたのに、今や「わたしたちは」と言って自分を読者の立場に置き、連帯的な交わりの中に身を置いて、さらに「神の赦しを得て」と補って、神の赦しを希求する謙虚な態度を採《と》っている。この謙虚さの中には読者の信仰に対する危惧の念と神への畏怖を伴ったある種の切迫感がみなぎっている。もし神の忍耐が尽き、もう手遅れになっていなければよいのだが、と感じている。というのはいったん神の恵みを知ったのに、故意にも堕落した者はどうなるであろうか。もしそうならキリストの十字架をあえて無意味なものとなし、反キリストの立場に落ちているなら、悔い改めて救いに至る道が遮断されていないかとの思いがあったであろう。成熟への勧告は、こうした読者を気遣う愛の情熱から、激しい叱責と糾弾が飛び出している。

しかし、ヘブライ書の著者は読者のこれまでの幾多の愛のわざを想起し、神は正しいお方であるから、必ずや赦しが与えられ、成熟した認識の道が開かれるという確信を告げる。

神には約束と誓いという二つのわざがあって、それはアブラハムにおいて実現されたことによって証されている。それと同じくイエス・キリストによって与えられる神と人との新しい約束は、イエスが「永遠にメルキゼデクに等しい大祭司」となって「至聖所の幕のうちに」つまり新しい契約が実現し、神と人との交わりが成立する聖なる場所に、わたしたちの先駆として入られたことによって保証されている。それゆえわたしたちの希望は、大祭司として新しい契約を身をもって実現したイエス・キリストによって不動になっている。そこには人間に由来しない絶対的な確実性が認められる。

ヘブライ書の著者によれば「信仰とは望んでいる事柄を確信し、見えない事実を確認することである」(同11・1)。言い換えれば、信仰とはすでに実現し、歴史において完成する途上にある神の言葉が授ける絶対的な確実性にもとづく希望であり、この希望はやがて実現し、その内実を獲《え》てくることの確信である。それゆえ信仰は目に見えない事実を単に想定するような主観的で不確実な認識ではなく、ある全く確実な、神によって与えられる、根拠に立つ認識である。

したがってパウロもこの認識に立って「希望は失望に終ることはない。なぜなら、わたしたちに賜わっている聖霊によって、神の愛がわたしたちの心に注がれているからである」（ロマ5・5）と言う。彼は聖霊が弱いわたしたちを助けてくれるが、究極においては「その道は測りがたい」（同10・33）ものであった。だがヘブライ書では、自らの弱さを負い、苦難を通して救いを全うした大祭司イエス自身が弱いわたしたちを助け、「彼の肉体なる幕をとおり、わたしたちのために開いて下さった新しい生きた道」（ヘブライ10・20）でありたもう。パウロが神秘であって認識しがたいと言ったことが、ここでは歴史において働く神のわざとして認識されている。約束と誓いという人間的な行為は、神の歴史への働きかけを意味している。信仰にもとづく認識の成熟は歴史に働きかける神にその根拠をもっている。このような歴史における神の認識はとくにメルキゼデクに等しい大祭司キリストの認識に至って完成する。この認識に向けて準備べく、わたしたちが成熟するように勧められている。

32　世に勝つ信仰（第1ヨハネ5・4―5）

神から生まれた人は皆、世に打ち勝つからです。世に打ち勝つ勝利、それはわたしたちの信仰です。

ヨハネの第一の手紙の第5章の冒頭にあるように「イエスはメシアである」ことがキリスト教の唯一最大の教えである。ここでは「メシア」は「救い主」を意味するが、この時代にはグノーシス主義者たちが活躍しており、彼らは「メシア」を神的尊厳をもつ「いと高き者」と呼んでいた。だが、彼らはイエスの受肉と贖罪死を否定し、イエスとキリストとは本質を異にし、両者はしばらくの間結ばれた後、死によって分離された主張した。その影響によって初代教会の中にも「キリスト仮現説」が生まれてきた。ヨハネは彼らを「偽預言者」と呼び（4・1）、歴史におけるイエスを「水と血」（5・6）でもって強調した。この「水と血」というのは「兵士の一人が槍でイエスの脇腹を刺した。すると、すぐ血と水とが流れ出た」（ヨハネ19・34）に由来し、人間イエスを意味する。なお、「水」はイエスの受けた「洗礼」をも意味しており、受洗はメシアたることの宣言であり、「血」は十字架上の「死」であって、贖罪もしくは聖餐を意味する。ここにはイエスの生涯の三つの出来事である①受肉、②洗礼、③死が力説されており、ヨハネはグノーシス主義者たちの思想と対決している。

次に「神から生まれる」ということが強調される。というのは人格は物のように修繕できず、生まれ変わる以外には生きられないからである。罪に苦しむ「病める魂」は「二度生まれの者」と言われる（ウィリアム・ジェイムズの説 William James, 1842 ~ 1910）。一度生まれただけの自然人で満足する人は救いを求めることはない。さらに「生まれた者」は「生んだ者」と「同じ仕方で生まれた者」を同族の誼《よし》みのゆえに愛することができる。そこでヨハネは神への愛と兄弟への愛との内的な必然性を説く。なぜならグノーシス主義者が説いているように、神の愛は心に内的な高揚を引き起こす敬虔な自然的な感情に尽きるものではなく、自己から出て行って他者なる隣人に向かう実践となるからである。

こうしてヨハネは「世に打ち勝つ勝利、それはわたしたちの信仰です」（4節）と高らかに宣言する。実際、キリスト者の生活は悪しき世と対決する戦いであって、信仰によってこの世に勝利することである。では「世」とは何か。彼は「すべて世にあるもの、肉の欲、目の欲、生活のおごりは、御父から出ないで、世から出るからです」(2・16)と語っている。まことに「世」は神の創造された世界であるが、人間の罪の結果、サタンの支配下に置かれ、神とキリストに反抗するものとなった。それゆえ世と妥協したり、この世に依存して、自己の欲望と快楽にしたがって生きようとするならば、その人の中にはキリストの生命は存在していない。イエスはこの世と対決し、その力と戦い、血を流す贖いの死によってわたしたちに神とともに生きる道を開拓してくださった。キリスト者はこのイエスの道を歩み、信仰によってこの世に勝利する者である。まず第一にこの世と繋がっている欲望は断固として断ち切らなければならない。

次にヨハネは「神を愛するとは、神の掟を守ることです」(5・3)との主張を繰り返し説く。聖書の神は人間に向かって語りかけ、明瞭に自己の意志を知らせる人格神である。このような明瞭な意志に服従することが信徒に求められる。ところで日本人は人格神を長い間信じてこなかったので、神の掟に対する服従という厳しさを知っていない。ただ自己の不安を鎮め、安心立命の境地に達することが宗教だと信じている。また神の正義も、それに対する責任も知らない。さらに神の愛を受容することは分かっても、神の義を厳しく求めることがない。したがつて罪と戦って血を流すところまで戦うことなど全く見られない。ただ消極的に、自己の空しさ、弱さ、はかなさまた無常を自覚するにすぎない。ところがグノーシス主義者も「『神を知っている』と言いながら、神の掟を守らない者」（2・4）であった。彼らは現世を否定し、「神的世界の認識によって救済される」との知的救済論に立っていた。だから超越的世界への神秘的認識と逃避行が強調されていた。それと正反対に、キリスト教は罪に満ちた現世に対する神の愛と、その愛に生かされて信徒が他者のために奉仕する隣人愛とを強調する。ヨハネは「互いに愛し合うこと」を「新しい神の掟」として説いた。この「互いに愛し合うこと」は他者に向かっていても、恋愛や友愛のような自然的な情念から生じてはいない。その愛は義務である。だがこの隣人愛は「難しいものではない」（5・3）と言われる。なぜなら、イエスがわたしたちとともにいてくださるからである。この隣人愛というのは隣人が神を愛するように働きかけるのであって、恋愛や友愛のようにその愛が自分に返ってくることを決して求めない。それは報われることのない、無償の愛であって、義務となる特質をもっている。そこには「世に打ち勝つ勝利」が約束されている。というのもキリスト者はその信仰によって神の愛からなる永遠の命をイエスとの交わりにおいて既に受け、神の現臨とその愛の完成とをすでに会得しているからである。ヨハネは言う。

「いまだかつて神を見た者はいません。わたしたちが互いに愛し合うならば、神はわたしたちの内にとどまってくださり、神の愛がわたしたちの内で全うされている」（4・12）と。

33　福音の交わりと共同社会（第一コリント9・19―23）

わたしは、すべての人に対して自由であるが、できるだけ多くの人を得るために、自ら進んですべての人の奴隷になった。ユダヤ人には、ユダヤ人のようになった。ユダヤ人を得るためである。律法の下にある人には、わたし自身は律法の下にはないが、律法の下にある者のようになった。律法の下にある人を得るためである。……福音のために、わたしはどんな事でもする。わたしも共に福音にあずかるためである。

第三回伝道旅行の終わりのところでパウロはペンテコステに間に合うようにエルサレムへの道を急いだ。彼は異邦人伝道について報告し、さらにキリスト教とユダヤ的律法に関してエルサレム教会会議がもたれた。その有様は使徒言行録21・17以下に詳しく記録されている。そこで捕縛されると予言されていたにもかかわらずエルサレムに上ったのは謎めいている。その地にはユダヤの伝統を固守するユダヤ主義者がいて彼を迫害しようとしていた。彼らの攻撃を避けるため古いユダヤ教の清めの儀式に参加したことは彼のこれまでの思想と行動とに矛盾しているであろうか。この行動は実は彼の伝道の精神に原則的に従うている。引用されたテキストにあるように彼はユダヤ主義者と決定的に対決しながらも、彼の原則は変わらなかったのである。

パウロのいう「愛によって働く信仰」の具体的姿がここにある。彼は福音のためにすべてを行なおうとし、たとえ自由を捨てて奴隷になることも辞さない。それは律法に下にある兄弟を得るためであり、共に福音にあずかるためである。これが信仰のわざとしての愛である。この愛の精神に立って律法によって拘束されている兄弟のために彼はユダヤ教の古い清めの儀式に加わったのである。実際、「愛は……すべてを耐える」(同13・7)。こうして彼は福音のために可能なかぎり譲歩してゆく。ここに彼の社会的行動の原則がある。わたしたちはパウロにしたがって日常生活においては社会道徳に関しては同胞のためにできるかぎり譲り、兄弟のもとに赴くべきである。

しかし愛ゆえのこの譲歩は、こと福音の真理に関わってくる場合には、退けられなければならない。パウロは福音の真理を曲げてまでユダヤ主義化する者たちに対しては、その誤りを徹底的に批判していく。「わたしたちは、福音の真理があなたがたのもとに常にとどまっっているように、瞬時も彼らの強要に屈服しなかった」（ガラテヤ2・5）と彼は言う。したがって福音のためにすべてをなし譲歩しているパウロが、同時に福音の真理のためには、信仰によらず律法による義を主張する、福音の敵に対し徹底的な対決の姿勢を堅持した。これは一見すると矛盾のように見えるが、矛盾ではない。なぜなら彼が愛によってすべてに耐えるのは、福音の真理に奉仕するためであるから。つまり、彼が律法の下にある人たちに立ち向かうのは、彼らと同じ虚偽に与《くみ》するためではなく、同じ状況の中から「共に福音にあずかるため」なのである。彼にとって律法の下に守られている割礼や清めの儀式は福音の真理に比べると相対的なものであり、福音に奉仕すべきものにすぎない。

ところがこの相対的なものを絶対視するところにユダヤ主義者たちの根本的な誤りがある。使徒言行録が記している「律法に熱心な人たち」はユダヤ社会を維持している律法、つまり市民的法律にすぎないものを神聖視しているのだ。そこに福音の真理に対して明瞭に敵対する態度が認められる。つまり、わたしたちが日本の法律を尊重するように、ユダヤ人であるからにはユダヤの律法を重んじのは当然と見なして、律法のわざを福音信仰に優るものとして上位に立てるならば、そこから律法主義が発生し、福音の真理に対し反逆的になってくる。またこういう人たちは心の信頼よりも、外観的ないわゆる清い生活によって人を評価するファリサイ主義に転落する。こうして「神の前に」立つ宗教固有の領域から「人々の前に」という外面的道徳へ転落していくのである。

古代社会において個人は民族を離れて生きることは原則的に不可能であった。この点は今日のコスモポリタンな時代と状況が相違する。しかも国家的な権力が剥奪されていたユダヤ民族が律法によって統合され維持されてきたことを想えば、当時のユダヤ人キリスト者が「律法に熱心であつた」ことは理解できる。だが、キリスト教がユダヤ社会と民族とを地盤としてのみ成立するのであるなら、イエスの説いた神の国はどうなるであろうか。神の国とその宣教がユダヤ社会でのみ成り立つとしたら、キリスト教はユダヤ教の一分派となってしまうであろう。

イエスを頭《かしら》とする教会の交わりは、一つの人格的な共同体であっても、いわゆる「共同社会」を原則的に超越している。キリスト教共同体をユダヤ的な共同社会に解消する試みは福音の真理を現世の権力のために曲げることを意味する。したがつてユダヤ主義的キリスト教というものは、日本主義的キリスト教と同様に、福音の真理に違反している。内村鑑三はかつて二つのJ（イエス《JESUS》とジャパン《JAPAN》）に仕えることをモットーにしていた。だが、この二つのJを同等なものと考えてはならない。このJは相互に異質であるから、イエスのJを大文字にし、日本のJを小文字にすべきである。さもないと民族のために福音が利用されことになるからである。

34 リュディアの信仰——使徒言行録の小さな花（使徒16・11—15、フィリピ1・3—11）

パウロは第2回伝道旅行の途次アジア州に向かうことを禁じられ、夢に出てきたマケドニア人の招きに応じてマケドニア州のローマの植民都市フィリピに向かうようになった。ここの初めて福音がヨーロッパに宣教されるようになり、彼がその地で初めて出会った人物こそリュディアという婦人であった。

この都市は、アレクサンドロス大王の父、マケドニアのフィリッポス二世によって再建された大都市で、その名にちなんでフィリピと名づけられた。この地はローマの軍道エグナティア街道（Via Egnatia）に沿い、東方世界と西方世界を結ぶ陸路の交通のかなめに位置していた。ローマ政府はこの町を軍事的に重要視し、軍団を駐留させ、植民地とした。

さて、パウロたちは「安息日に町の門を出て、祈りの場所があると思われる川岸に行った」（13ａ節）。川沿いの「祈りの場所」とは野外の祈る場所のようだが、それは「祈りの家」

とも訳すことができ、シナゴーグ（会堂）の同義語といえよう。そこには「テュアティラ市出身の紫布を商う人で、神をあがめるリュディアという婦人も話を聞いていた」(14節)。「ティアティラ」とは、小アジアのサルディスとペルガモの間に位置する町であり、そこには染め物師たちによる同業組合があって、彼女はその地の出身で、紫布を商う仕事に従事していた。紫布は旧約聖書では王の衣服とし用いられ、イエスもピラトの前に紫の服を着せられて王として引き出され、ラザロの物語に出てくる金持ちの衣装として描かれている（エステル8・15「紫と白の王服」、ダニエル5・7、16「紫の衣を着せ」、ルカ16・19「紫の衣や柔らかい麻布を着て」、ヨハネ19・2「紫の服をまとわせ」)。高価な衣服を扱う彼女の仕事も繁盛し、裕福で経済的にもゆとりができ、一家をよく取り仕切っていたと思われる。しかも彼女は「神をあがめる婦人」つまり信仰心の篤い人であった。そこで「主が彼女の心を開かれたので、彼女はパウロの話を注意深く聞いた」(14節)。こうして彼女は一家の人たちと一緒に洗礼を受け、ヨーロッパの最初のクリスチャンとなった。

だが聖書はリュディアの信仰について一見すると何も語っていないように思われる。というのもただ「彼女はパウロの話を注意深く聞いた」と記されているだけだからである。昔の聖書協会訳では「耳を傾けさせた」とあったし、最新の岩波訳でも同じように訳されているが、新共同訳では「彼女は注意深く聞いた」（田川訳「主は彼女の心を開き、パウロの語ったことに注意を払うようにさせた。」）とあるので、わたしは単に聞く態度との相違に初めて気づいた。主イエスは「種を蒔く人」の譬えで、まず「よく聞きなさい」を言って譬えを語りはじめ、終わりに、「聞く耳のある者は聞きなさい」（マルコ4・3—9）と言われた。だが、ここでは単に聞くのとは相違した態度が記されている。

そこでただ聞くのではなく、注意深く聞く態度を聖書から学んでみたい。

聖書には受胎告知の物語が多く見られる。その最初は（1）アブラハムに一子イサクの誕生が告げられた物語である。アブラハムが神の言葉を信じて、その信仰が義と認められたとあるが、その告知を聞いたアブラハムの妻サラは老人に子供が授かるなんてと「ひそかに笑った」（創18・12）とある。主なる神がそれを咎めると彼女は笑わなかったと言い訳した。それに対し（2）ルカ福音書が告げる受胎告知では、マリアはそれを受けて「思いめぐらした」とある（ルカ1・29）。ここに単に聞くのとは異なる反省が物語られる。その結果、彼女は「この卑しい女をさえ、心にかけてくださいました」（同1・48）と告白し、終わりにはアブラハムの名前を挙げて神を讃美した。さらに（3）イザヤの召命物語を取り上げてみよう。彼は天上の会議に出席を許され、神の伝令として民に遣わされたとき、イスラエルの民が神の言葉に従わないことを予告され、「この民の心をかたくなにし、耳を鈍くし、目を暗くせよ。

目で見ることなく、耳で聞くことなく、その心で理解することなく、悔い改めていやされることのないために」（イザヤ6・9―10）との言葉を聞いた。ここには聞いても理解できないということが問題となっている。ではどうしてそうなるのか。実はリュディアの信仰がこのことをわたしたちに教えている。

ルカは「彼女はパウロの話を注意深く聞いた」と語る。ここでは一般に使われているアクウオー（聞く）ではなく、プロセキオーが使われている。それゆえ、この語には「聞く」という意味はなく、「心を向ける、注意する」という意味だけがある。[1] この動詞にはもともと「心を」が付けられていたのに、一般には省略されるようになった。だが、ここでは前文に「主が彼女の心を開かれたので」とあって「心」（カルディア）が先に置かれている。そこで直訳すると、「神は彼女の心を開き、パウロの言葉に注意させた」となる。

ここでは「注意する」作用、つまり注意力が重要な働きをしている。これはマリアが神のお告げを「思いめぐらす」のと同じ事態を指している。この種の注意力と思いめぐらす行為について注目してみたい。

まず、パウロのダマスコ途上における回心の事例を考えてみよう。この回心の出来事の内実は「キリストは、わたしたちのために呪いとなって、わたしたちを律法の呪いから贖いだしてくださった」（ガラ3・13）ことであって、それはキリスト認識の転換であった。キリストが律法によって呪われた事実は変わらないで、それが「わたしたちのためであった」という注意力によって認識の大転換が起こったことを示す。

また、次に宗教改革者ルターはパウロのローマ書1・17の「神の義」という言葉に注目し、「使徒が言おうとすることを知りたいと熱心に願い、性急に探索した」。その結果、真義が開示され、宗教改革的な認識に一挙に到達した。それは神の言葉に向けた注意力によって起こった出来事であった。彼はこのような注意深い考察を「省察」（meditatio, Betrachtung）と呼

〈注1〉そこには次の三つの意味がある。①心を向ける、注意する。「主が彼女の心を開かれたので、彼女はパウロの話を注意深く聞いた」（使徒16・14）、「群衆はフィリポの行うしるしを見聞きしていたので、こぞってその話に聞き入った」（使徒8・6）、「どうか、あなた自身と群れ全体とに気を配ってください」（使徒20・28）。「わたしたちは聞いたことにいっそう注意を払わねばなりません」（ヘブライ2・1）。②「わたし自らの」が付くと、用心する、しないように注意する。③（人、物に）愛着する、くっつく、ふける。「作り話に心を奪われないように」（テモテI、1・9）。こうしてわたしたちは①からは信仰の「注意作用」を③からは信仰の他者への「帰依作用」を把握することができる。

び、次のように説明する。

「省察の能力は理性的なのではない、というのも省察とは注意深く、深淵的に、熱心に考えることであり、心において沈思熟考することを本来意味しているからである。それゆえ、いわば中心に向かって駆り立てる（in medio agitare）、あるいは中心や最深部そのものにおいて揺り動かされることである」。

このような省察の一例として『キリストの聖なる受難の省察についての説教』を取り上げてみよう。ここでの省察の方法について彼は「キリストを仰ぎ見て、その受難に心から戦慄し、自己の良心を絶望のなかに沈める者たちが、キリストの受難を正しく省察している」と言う。こうしてキリストのみ傷に目を注ぐと、人間の罪のゆえにキリストが受けた受難によって神の怒りが転じて赦しの福音が輝き出てくる。それゆえに「この省察は人間を本質から変える」と彼は説く。

さらに現代でもこの点を強調するのがフランスの思想家シモーヌ・ヴェイユ（Simone Weil, 1909～1943）であり、彼女は『神を待ちのぞむ』の中で「注意力」の働きを強調する。「神を待ち望む」というのはギリシア語のヒュポメネー（耐え忍んで）に由来するが、いっそう切実な思いをこめて、不在なるものを待望する態度を意味する。この待望を身をもって示した例として、宴会に出ている主人をじっと待つしもべの比喩が聖書から借用される（ルカ12・36）。それゆえキリスト教的に思考するとは注意力をもって祈りを実行することである。祈りとは注意力を行使して心を神の方へ向けることである。注意力の性質は、祈りの性質と深くかかわっており、祈りで神との触れあいが起こるのは、ただ注意力のもっとも高い部分による。この有様は幾何学やラテン語の学習によって示される。幾何学で証明に失敗しても注意したことに意味があるし、ラテン語を翻訳する人も主人が戸を開く音を待ち構えているしもべと同じ状態に、少しでも真義に近づきたいと思うようになってほしい。まさにそのとき、主人はしもべを食卓につかせ、みずからの手で食物を与えてくれるであろう、と語られる。このような指摘はラテン語の翻訳を長く続けてきたわたしにはとても興味深いものであった。

終わりに聖書はリュディアの信仰による実践活動について告げていることを学ばねばならない。彼女が洗礼を受けるとき、同時に一家のものがみな洗礼を受けたと記されている。古代社会では家族や氏族の単位で信仰が伝播したことがよく起こっているにしても、彼女の影響力は無視できない。さらに続いて起こった実践活動にも注目すべきである。彼女は使徒たちの状況を察知して「わたしが主を信ずる者だとお思いでしたら、どうぞ、わたしの家に来てにお泊まりください」（15節）と招待し、無理に承知させた。旅人を家に招き泊めることは親切な行為だけではなく、信仰から出た行為であった。ここでは信仰が議論へと向かわず、実践に向かっている。彼女は使徒たちに対して「何が今、ここで、大事なのか」を直観的に理解し、それを強いてまで実践している。このことは単に使徒たちを泊めたことにとどまらず、その後も継続して使徒たちを経済的に援助することにつながっている（フィリ1・5、4・1―7、15―18、IIコリ11・9等参照）。このように見てくるとリュディアの信仰は注意深く神の言葉に立ち向かっているだけでなく、信仰が愛となって直ちに実践に移っていることが判明する。信仰の実践活動には、今、ここで、何がもっとも重要であるかを見きわめる判断力が必要不可欠である。彼女にはその力が備わっており、それによってフィリピにおけるキリスト教教会の基礎が据えられた。こうしてリュディアの家がフィリピの教会となった、との推定が可能である（16・40参照「牢を出た二人は、リディアの家に行って兄弟たちに会い、彼らを励ましてから出発した。」）。使徒パウロはこのことをよく理解しており、フィリピ教会が、彼に対する経済的援助も含む協力に感謝し、固い信仰に立って教会を確立するように勧め、次のように祈っている。「わたしは、こう祈ります。知る力と見抜く力とを身に着けて、あなたがたの愛がますます豊かになり、本当に重要なことを見分けられるように」（フィリ1・9、10）と。これこそ信仰者が日々の生活で実践してゆくべき行動の基本姿勢ではなかろうか。

35　忠実な良い僕　（マタイ25・21）

主人は彼に言った、「良い忠実な僕よ、よくやった。あなたはわずかなものに忠実であったから、多くのものを管理させよう。主人と一緒に喜んでくれ」。

イスラエルの信仰の父といわれるアブラハムは神の語りかける言葉を信じて、カルデヤのウルを出立した（創世記11・31—12・4）。このように信仰は神の言葉を「聞いて信じる」（ロマ10・17）ことにほかならない。わたしたちは神の言葉を礼拝において聖書から学んでいるが、この言葉はわたしたちの心に働きかける聖霊の助けがないならば、単なる文字にすぎず、真にわたしたちに働きかけ生かすものとして理解されることはない。わたしたちの心に働きかけてくるこのような力は、わたしたちを揺り動かし、予想もしていなかった数々の出来事を経験させながら、わたしたちを導いているのではなかろうか。アブラハムが生地ウルを出立し、行方も知らぬままに旅立ったのは、神の言葉の語りかけを信じ、心のうちなる促しに従ったからであった。この心のうちなる促しに忠実に従うことがわたしたちの信仰であるが、今日わたしたちに求められている最も大切な信仰の態度はこの忠実ではなかろうか。

今から二五年前、わたしは故郷を出て京都にやって来た。上洛したのはもう少し勉強したいというささやかな願望からであった。したがってアブラハムのように神の言葉を聞いたからでも、何か野心めいたものが促したからでもなかった。しかし、不思議にもわたしは神の導きにより北白川教会の交わりに招き入れられ、自分の抱いていた願望は予想をはるかに越えた実りをもって満たされることになった。

聖書は神に対する人間の信仰を「忠実」に求めている。たとえば、「良い忠実な僕」や「不正な家令」といった周知の物語はその主題を忠実に据えている。まず、わかりやすい方の「良い忠実な僕」の話をとりあげてみよう。

三人の僕がいて、それぞれ五タラント、二タラント、一タラントを主人から預った。五タラントと二タラントを預った人は所得を倍増させて、神に喜ばれたが、一タラントを預った人は神を畏れ、失敗をこわがり、地面にタラントを隠し、かえって神の怒りを招いてしまった。主人に喜ばれた人は一見すると勤勉に働いて所得を倍増したことによりほめられているように見えるが、もっとも大切な点は、「わずかなものに忠実であった」というイエスの言葉に示されているように、主人に対する僕の忠実な態度が称賛されていることである。

ここでのタラントは資本金であるが、わたしたちがもっている一切の所有物は才能を含めて神から預ったものである。この話の中でわたしたちに問われていることは所有物の量を増大させることではなく、神から預けられたものに対する正しい関わり方、つまり忠実である。忠実は本質上あるものに対する態度、したがって存在の質に関わり量的に大なるものより、かえって小さなことによく表現されている。「良い忠実な僕」は主人の命令に忠実に従っている。この物語によって見事に示されているように、「忠実」は単にタラントという具体的な「もの」ではなく、「もの」を通して、それを超えて、向う側にいる人格つまり主人に関わっている。この背後に立っている人格に対する忠実のゆえに、目前の物質的な「もの」がわたしの個人的利害関係から離れ、それ自体としての意味をもち、しかも「もの」を中心にしてそれに関わる態度が生まれてくる。ここから「もの」の量ではなく、質を追求する基本姿勢が生まれてくるといえよう。

この点は自己の使命に忠実であることについても同様である。すなわち自己の使命はそれを授けた人格に対する忠実のなかでのみ、真に実現を見るといえよう。自己の使命に忠実な人は、自己の使命をもあたかも他人のもののように自己から自由になって捉えており、エゴイズムにより使命を汚すことなく、使命そのものを中心にして自己自身をもそれに関与させようとする。そこには自己中心的な生き方が、あの人格者に対する忠実のゆえに突破され、自己でない他者につき、他者を中心として生きる態度が明らかである。

だから、忠実というのは本来人格に対して言えるのであって、ものや才能、理想や使命に対する忠実は派生的なものにすぎないといえよう。こうして絶対的な人格的存在である神に対する忠実のゆえに、神以外のすべてのものに対する忠実も生じて来ているといえよう。したがって「忠実」は本性上自己を越えて他者に関わり、他者を中心とする生き方であって、そこに自己から他者への「中心の移動」もしくは「中心の転換」ともいうべき回心の出来事が生じている。

さて、キリスト者はこのような回心を経験している。それは自己ではなくキリストにつき、キリストを中心とした生き方をいうのである。パウロは「生きているのは、もはや、わたしではない。キリストが、わたしのうちに生きておられるのである」（ガラテヤ2・20）と語っている。それゆえ、わたしたちのあいだに生きて働いていたもう中心なるキリストにつく生活が「忠実」であるといえよう。

こうして、忠実とは自己中心の生活からキリスト中心の生活への転換であることが明らかとなった。ところで、ほかならぬこの生活の転換を「不正な家令」の譬え話は主題としているように思われる。この譬え話は解釈するのがむつかしく、福音書の品位を傷つけるものと考えられるかもしれない。しかし、そうではない。この話は神の国の到来に出会った人の「賢い選択」を物語っていて、イエスとともに生じた新しい事態に対する「忠実」を述べているのである。そこにはキリストを中心として生きる決断と転換が述べられている。

譬話はこうである。ある金持ちのところに家令がいて、主人の財産を浪費していることが発覚し、会計報告を出すように求められ、くびになりそうになった。そこでこの家令は主人の負債者の金額を大幅に免じて、新しい証書を作らせ、恩を売っておいて、免職になったとき、その人の家に迎えてもらおうとした。これを見ていた主人は家令の利口なやり方を称えた。

家令の利口な生き方は、情勢を見て、古い主人から新しい主人へと転換した怜悧《れいり》さである。つまり古い主人の下での生活が破綻し、絶望状況にあるのを自覚したがゆえに、そこから転換して新しい主人を選択したところに彼の抜け目なさがあった。この物語によりイエスはご自身とともに生じている神の国への決断を迫っているのである。そのさい、道徳的善悪では測り得られない選択の賢さというものが説かれている。それはある優越せる事態への態度決定の問題であって、状況への「忠実」が問題なのである。

そのさい、イエスは「不正な金を用いてでも、自分のために友だちをつくるがよい」と付言している。この言葉は不正な家令の譬え話から派生して来ている強意的表現であって文字通り解する必要はない。つまり道徳上の善悪とは異質な一つの見方があることを示している。ある状況の中にある事態は見方によって正とも反とも映るものである。このことをいっそう明らかにするためにパスカルから一文を引用してみよう。

「民衆は、高貴な生まれの人々を敬う。なまはんかな識者たちは、生まれというものはその人自身による優越ではなく、偶然によるものであると言って、高貴な生まれの人々を軽蔑する。識者たちは、民衆の考えによってではなく、後ろ側の考えによってその人々を敬う。完全なキリスト者は、他のいっそう高い光によって、その人々を敬う。このように、人が光を持つにつれて、その意見は正から反へと相ついでいく」（『パンセ』断章三三七、前田陽一、由木康訳『世界の名著24』中央公論社、202頁）。

高貴な身分の人に対する評価は民衆、知識人、識者、信仰者によって相違する。問題はかかる人の「後ろ側に」立っている考え方にかかっている。この背後に立つ考え方や存在が卓越しているのに応じて、前面に現われている事態はより高い光の下に見られる。不正な家令の場合でも一つの考え方として道徳的判断をこれに与えることは可能である。しかし、そうすると、この物語が福音書にあること自体が不可解になってしまう。ある優越せる事態が背後に立っている。それはイエスと共に現われた時代の急激な転換である。正と不正をこえた事態が存在する。つまり不正な富でも生きるために忠実に用いられるならば役立つのである。イエスを通して新しい時代に歴史は今や突入している。この時代の根本的変化に忠実に従うことがここに求められ、人々の目には愚かに見えるなら、倫理的判断を中止してでも、新しい事態への決断が迫られているのである。このような考え方は道徳を超えたものである。わたし自身の例で話してみよう。

わたしが初めて北白川教会を訪ね、そこに釘づけられてしまったのも、この種の決断によるものであった。京都に来た頃、わたしは無教会の信徒であり、大阪の黒崎幸吉《こうきち》先生（1886～1970）の集会に通っていた。しかし毎週京都から大阪に行くことは困難であったので、京都の下宿から一番近い教会に行って見ることにした。それが北白川教会であり、そこで奥田成孝《しげたか》（1902～1995）先生の説教に触れ、わたしはまったく引きつけられ、もはやこの教会を離れることができなくなってしまった。こうして無教会から教会に転換したが、これは無教会になにか欠陥があったからでは決してない。ただ優越せる事態にわたしは直面して、人間関係の一切をこえて決断せざるを得なかったのであって、その結果、転向が生じたにすぎないのである。もちろんわたしにためらいがなかったわけではない。しかし、いまだ自己形成途上の学生であったのであるから、転向も許されると信じることにした。このような選択は「不正な家令」の譬えが物語っているのと同じ新しい優越せる状況への「忠実」といえよう。

ところで北白川教会の礼拝や祈祷会に出席して気づいたことは、先生や教会員の方々の誠実な生き方であった。わたしは商家に育ったため、誠実な人を前にすると、自分がどこかずるい人間ではなかろうかと疑わしくなった。わたしはすぐ自分のうちに巣くう悪徳と戦わねばならないと直観した。このようなわたしにとって不正な家令の物語は実に不思議なものに映ったのだった。なぜなら、不正な家令はまさにずるい人間であるのに、主人にほめられているからである。だが、わたしは悩みのなかにあって、「怠惰の思いを悲しむ者は怠惰であるはずがない。自分で眠っていると思う者は目を醒ましているのだ」という詩人キーツ(John Keats, 1795～1821)の言葉に接し、それを自分の心に適応して苦しい思いから解放されたのであった。

「良い忠実な僕」と「不正な家令」の二つの譬話に見られる共通点に目を向けてみよう。その特質は、いずれも忠実が「わずかなもの」や「小事」に向けられていることである。タラントの場合は小資本への忠実が問われ、不正な家令の場合には不正な富という小事もしくは悪事への忠実が問われている。それらはいずれも顧みるに値しないもの、もしくは軽蔑すべきものであるが、これにより忠実が目前にある「もの」や事態ではなく背後に立っている人格にかかわっていることが示されている。人はいったい何をたずさえて神の前に立ちうるであろうか。「主はアベルを見、その供え物を顧みられた」（創世4・4）とあるように、神は人間の心を見たまい、たとえ人の手になるわざや供え物が小事や悪事に見えようとも、ご自身の命令に忠実に従い歩んでいるかどうかを見たまい、その後に供え物や成果を見たもうのである。それゆえ、忠実というものはともすると人々が顧みない小事において、あるいは人々が嫌悪する悪事において非常に明瞭に表われてくる。小事においては事柄に即しているかどうかが明らかであり、事柄に即した態度が背後に立つ人格に対する忠実の尺度たり得る。悪事ではイサクを殺す命令に従ったアブラハムの例があげられよう。こうして忠実では事態の善悪・大小を超えて人格に対する信仰が問われているのである。だからこそ「小事に忠実な人は、大事にも忠実である」（ルカ16・10）と言われうるのである。

さらに「忠実」は「勤勉」と異質である点が二つの譬え話に共通した内容をなしている。タラントの物語では一タラントを地中に隠しておいた悪い怠惰な僕が裁かれ、五タラントを預り十タラントとなした僕にそのタラントが与えられている。そして「おおよそ、持っている人は与えられて、いよいよ豊かになるが、持っていない人は、持っているものまでも取り上げられるであろう」（マタイ25・29）と語られている。この言葉は貧富の差が増大してゆく資本主義の精神を謳歌しているように響くかもしれない。もしそうなら、この物語は「忠実な僕」ではなく、「勤勉な僕」のことを述べているとすべきであろう。実際「勤勉」は近代市民社会の基本的徳目である。勤勉な人は努力する人である。このような人のスローガンは「頑張る」ことである。現代人の挨拶の言葉として「頑張る」が用いられ、自己を二倍にも三倍にも拡大することが目指されている。こうして「頑張る」がいつしか「我を張る」に本性上変質し、富を蓄積させた勤勉は「飽くことなき搾取」の精神に変貌せざるをえないのである。

しかしタラントの物語はこのような勤勉ではなく、「良い忠実な僕」とあるように、それは忠実を語っているのである。忠実はすでに述べたように、自己を中心に据えてすべてを拡大膨張してゆく態度をいうのではなく、かえって自己から離れて、他者や他の実在に中心をおき、その背後に立つ人格に応答してゆく態度である。だから忠実な態度の中には中心の転換が生じていて、自己を量的に拡張するのではなく、かえって自己の分を知り、これに責任をもち、自己を質的に高めて、自己の特質を十全に発揮しようとする。忠実は勤勉ではない。不正な家令は生まれながら倫理的な徳目たる勤勉をもっていない。こういう抜け目ない人は彼に仕事を命じている人格、つまり主人に対して不忠実でありながら、持ち前の抜け目なさから、自らの不忠実が生み出した状況の変化に対しては、驚くほどの忠実さを発揮し、まことに賢い適切な決断をなしている。これはきわめて逆説的な事態であり、不忠実のさ中にみられる忠実がここに語られているといえよう。しかし、それは自己にのみ仕える悪魔的忠実である。背後に立つものが自己だからである。

しかし、わたしたちは神の与えたもうた使命に忠実に生きることのうちに人生の真の喜びを見いだすことができる。忠実な人は自分が置かれている世界に対しても、その背後に立つ神への応答のゆえに、喜びをもって誠実に関わってゆくことができる。だから世界に対する忠実は、世界の創造主にして万物の中心なる神への絶対的忠実においてその基盤を見いだす。しかし神への忠実を欠いた世界への忠実は変質して悪徳に陥る宿命を自己のうちに宿しているといえよう。

36　真理は自由を与える　（ヨハネ8・32）

真理は、あなたがたに自由を得させるであろう。（口語訳）

西欧思想史の講義を担当していることもあって、わたしは学生からキリスト教の将来に関して「キリスト教はヨーロッパにおいても今日衰微しており、やがて消滅するのではなかろうか」との質問を受けることがある。これに対しわたしは、キリスト教の福音には無限の富と宝が隠されており、新しい状況のもとで、これまでの歴史によって明らかなように、さらに進展することが期待できる、といつも答えている。今日は真理の探求の場所である大学にふさわしいテーマとして「真理が与える自由」について考えてみたい。

そのさいヨハネ福音書にある「真理」を、とりわけ第8章32節のことば「真理はあなたがたに自由を得させるであろう」を手がかりにして話してみよう。この言葉はドイツのフライブルグ大学の神学部の建物にドイツ語で Die Wahrheit wird euch fei machen. と大きく書かれている。その有様はちょうど東京女子大学の正面の建物に「すべて真実なこと」（quaecumque vera sunt. ピリピ4・8）と大きな文字で書かれているのと同じである。vera というのは「真なるもの」や「真理」を意味する。だから両方とも「真理」について語っている。大学における学問研究がすべて真理の探求をめざしていることは当然であるにしても、聖書にいう真理とはどのような特質をもっているのであろうか。この真理がヨハネ福音書では「言葉」や「自由」と結びついて語られている。

（1）日本語の真理は一般には「本当のこと」つまり「正しい知識」、また哲学では「意味ある命題が事実に合っていること」を指している。それゆえ古くから使われている定義によると「真理とは認識と事実との一致である」。それに対して「虚偽」というのは事実を覆ってしまって隠すことをいう。じっさい真理は多くの虚偽によって埋もれている場合が多いのではなかろうか。わたしの友人のお兄さんは戦時中、日本の軍隊や政府が主張していたことが正しいと心から信じていたのに、敗戦によって政府の報道が虚偽であることを知り、「本当のこととは何か」と真剣に問い、答えに窮し、ついに正常な判断と行動ができなくなってしまった。そして不幸にも病院にから出られなくなり、今日にいたってしまった。虚偽によって真実を隠蔽することはこうした悲劇を生み出している。しかも宗教が組織的にこうした虚偽を生み出していることがしばしば見うけられる。アウグスティヌスは実に九年もの間、マニ教という当時の新興宗教にかぶれていたが、この信徒たちは口を開けば「真理、真理」と叫んでいた。今日の新興宗教であるオウム教が「真理」を僭称しているのも同じ事態である。ところでギリシア語では「真理」を「アレテイア」という。それは「覆いが取り除かれていること」つまり「非隠蔽性」を、したがって有りのままなる「真実相」を意味している。このことは日常生活では、差当り大抵、真理が隠されており、真剣な探究によって初めてそれは認識にもたらされることを意味する。

ヨハネ福音書の「真理」はこうしたギリシア語の意味をもっているが、それ以上にわたしたちには躓きとなるような内容をもって語りかけてくる。

（2）ヨハネ福音書8章31節（わたしの言葉にとどまるならば、あなたたちは本当にわたしの弟子である。）はイエスの弟子たるものは単に彼を信じるだけではなく、信頼と服従の断固たる決意をもって彼の言葉にとどまらなければならない、と説かれる。つまり「言葉」（ロゴス）を単に信じるといった知的作業ではなく、全身をもって信頼することこそイエスに従う弟子の態度であるという。信じるという「信仰」（ピスティス）はギリシア哲学では一般に認識の低い段階とみなされる。つまりそれは主観的な確信をいうのであって、そこから進んで学的な認識にまで進展すべきであると説かれている。イエスはこうした知的な働きとしての信仰をここで語っているのではない。もちろんそのことは含意されているが、「わたしの言葉のうちにとどまる」というのは、むしろイエスを心から信頼し、彼とのコミュニケイションによって新生し、彼を通して神との関係を回復することを意味している。それゆえ信仰に向かっていてもなお戸惑っているユダヤ人に対して、まず真理を知る希望をもつように「真理を知るであろう」（32節）と語りかけている。そのさいヨハネの語る「真理」の内容は哲学的＝世界観的なものでも、認識理論的なものでもなくて、あくまでも宗教的な意味をもっている。それは「言《ことば》は肉体となり、わたしたちにうちに宿った。……それはめぐみとまこと（真理）とに満ちていた」（ヨハネ1・14）とあるように、イエスの姿において明らかに示されている恵み深き神の現臨である。したがって「わたしは道であり、真理であり、命である」（14・6）といわれる人格に宿っている真理である。イエスの言葉にとどまっている者に約束されているのは、コミュニケイションによって与えられるイエスご自身につての認識、つまり救済を与える聖者としての認識であって、それは弟子の代表であったペトロが告白したことば「わたしたちは、あなたが神の聖者であることを信じ、また知っています」（6・69）に端的に示される事態である。この聖者イエスこそホモ・レリギオスス（根源的聖者）として宗教の真理を一身に体現している存在に他ならない。

（3）さらに驚かされるのがこの真理と救済の認識に「自由」の約束が結びついている点である。それゆえユダヤ人たちもイエスの「真理はあなたがたに自由を得させるであろう」（8・32）との発言に驚き、その意味が何であるか分かっていない。彼らはアブラハムの子孫であって、一度も人の奴隷となったことはないと考えた。イスラエルの歴史にはエジプトでの奴隷生活やバビロン捕囚の事実があり、当時もイスラエルはローマの属州であった。それゆえ、ここにはマカベア時代に起こった殉教をも辞さない反抗心の残響が見られ、彼らはイエスになぜ「自由にする」というのかとつよがりの質問を発している。確かに、当時はローマの支配下に置かれていたにしても、ユダヤ人には思想上の内的な自由は認められていた。それに対してイエスは自分の言っているのは政治的自由ではなく、「罪の奴隷」からの宗教的自由であると答えている。政治的ではない内面的な「思想の自由」は当時流行の哲学であったストア主義によって自由として一般に説かれていた。ストア主義者は、民族の枠を越えたコスモポリタンとして内的な自由を説いていた。たとえばエピクテイトスは、奴隷の身分であったが、奴隷から解放されるような外的な自由を欲しないで、思想における内的な自由を説いていた。この内的な自由の一例をあげてみよう。

ある人がお金をなくして相談してきたとき、彼は「お金をなくしたと思わないで、もとの所有者であった神に返したと思いなさい」と答えたという。このように一度失われてしまったものはわたしたちの権外にあるがゆえに、それに煩わされないで、情念の苦しみから自由になって、アパテイア（「パトスが無いこと」の意、ストア派が目指した精神的境地。本能や情感に乱されない無感動な心の状態。）の境地を保ち、少なくとも思想において自由になることが勧められている。したがってここでは自分のなすべきことは哲学的な自己認識によって与えられる。内面的な反省によって人はすべての災いに惑わされないで、自由に生きることができる。それゆえ人はだれか他の人によって自由にされることも、自由にする必要もない。ヨハネがこの福音書で攻撃しているのはまさにこのような生き方であって、彼は「イエスの救済のわざによってのみ自由が与えられる」と主張している。自律を力説するストア主義者はこのような主張にはとうてい我慢できなかったことであろう。ここから新約聖書の人間観とヘレニズム時代のギリシア的で哲学的な人間観との根本的相違が明瞭になる。

（4）実際、ストア的な自律した人間像は歴史に繰り返し登場している。これに対しキリスト教は人間性の根本的罪性の認識を説いてきた。こうして原罪という教義も説かれるようになった。ヨハネはこれを「罪の奴隷」ということばで表現している。人間をこのように暗く否定的にとらえることは現代人には躓きである。この躓きにはさらに大きな躓きがかかわっている。それこそキリストの受肉、救い主（キリスト）が人間の救いのために人となり、十字架の刑に懸けられたという出来事である。これほど愚かにしてわけのわからない非合理なことはない。それゆえ、イエスを尋問したローマの総督であった政治家のピラトも「真理とは何か」と問わざるを得なかった（18・38）。この真理は民衆にとって怒りを呼び起こす出来事であって、彼らは「十字架につけよ」との叫び声を発している（19・6）。しかし、ここにこそキリスト教の説く真理、救済の真理が存在している。もしわたしたちが人間が本質的に自由であり、根源的に自律的存在であると考えるなら、そういう考えはキリスト教の真理を虚偽をもって覆ってしまうであろう。問題は自己自身を知る自己認識にある。自己認識ほど困難なことはない。わたしは若かったとき、自律がいつのまにか「自己主張欲」に変質していることに気づいた。そして自己の本性が曲がった木のようにいつも自分の方向にねじれており、良いと思われた行為でも悪となり、他者を傷つけていることを知った。こうして善を欲しても悪をなさざるをえない「罪の奴隷」となって、自己中心的な生き方に落ち込んでいることを悟った。

（5）ヨハネは続く聖書の箇所（8・33節以下）で、「奴隷」と「子」との相違について語り、前者が一時的に家にいて、やがて去っていくのに、後者はいつまでも永遠に家にとどまる者とみなしている。ここで「家」(35節)というのは「神との交わり」を指している。イエスの呼びかけは、悔い改めて神を父と呼ぶような人格的な関係に人々を招くことであった。この交わりのなかで人は新生し、人格として新たに生まれ変わり、育てられる。したがって古代奴隷制社会における「主人と奴隷」関係から自由となって、新しい人格的な「父と子」関係に転換するように導いている。これこそ救済の真理としてのキリスト教の真理なのである。

ヨーロッパ思想史を学んでいると、これから採るべき道が示唆されてくる。近代人が歩んだ道は個人的な自由の道であった。この自由は自己の絶対化に向かい、そのため、かえってニヒリズムに終焉している。しかし二十一世紀は「国際的協調」の時代となっている。これを支える土台として人間間のコミュニケイションが不可欠である。それは単なる知的な「情報」ではなく、また個人からの戦術としての「交渉」行為でもなく、人格的な「交流」から生まれるものである。そのためには人間が本性的に間柄的で対話的であるとの認識が確立されなければならない。さらに人間的な交流がきわめて脆くも崩れやすい点も自覚すべきである。それゆえ、このコミュニケイションは神との親しい交わりに立って初めて確固不動のものとなることを、しかも真理であるイエスによってのみこの親しい関係は与えられると今日学んだ聖書はわたしたちに教えている。国家と国家、人と人、神と人――この同心円的三重構造にわたしたちは注目すべきである。わたしたちは文化の最深部におけるキリスト教による新生によって文化が再建される希望をもつことができるのではなかろうか。ここに「真理が与える自由」の本質がある。

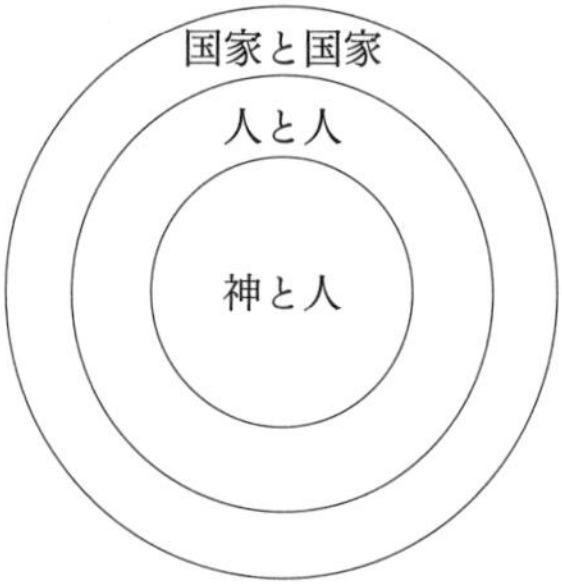

37　霊と力の証明　（第1コリント2・4）

わたしの言葉もわたしの宣教も、知恵にあふれた言葉によらず、〝霊〟と力の証明によるものでした。

パウロはコリントの教会で伝道していたときの状態をこのように伝えている。キリスト教の宣教は知恵ではなく、「〝霊〟と力」の証言によると言うのである。

キリスト教の宣教は人から人へと伝えられるのであるから、人と人との関係である愛を通して実現されるが、この愛は多様な人間関係の中に生きて働く生命であって、この活動的な生命を理解するためには単なる心理学的な説明や学問的な解説では何ら役に立たないといわねばならない。そこで生命を証しする「証言」が果たす重要な役割が認められよう。事実、聖書はこのような愛に生きた証人たちによって満たされている。そこには愛をめぐる対話が連綿と語り継がれているが、そこで展開する対話法の特質について二つの例を挙げて述べておきたい。最初はドイツの啓蒙主義を代表するレッシング(Gotthold Ephraim Lessing, 1729 ~ 1781)の断片「ヨハネの遺言」であり、第二は「イエスとサマリアの女」の物語である。

レッシングには連作『ヨハネの遺言』という断片的な作品が残されている。臨終を間近にしたヨハネがその弟子たちのところに連れて来られたとき、彼が挨拶した言葉は「幼子たちよ、互いに愛しあいなさい」という言葉であった。この言葉についてレッシングはその著作『霊と力の証明について』の末尾にそれを示唆し、先の断片的な作品で明らかに説いた。その中で彼は次のような注目すべき対話を述べている。

私　アウグスティヌスの物語っているところによると、或るプラトン主義者が、「初めに言《ことば》があった、云々」というヨハネ福音書冒頭の言葉は、あらゆる教会において、その一番良く見える目につく場所に金の文字で書かれるに値する、と言ったそうです。

彼　勿論だとも。そのプラトン主義者の言う通りだ。うん、プラトン主義者か。プラトン自身でさえ、ヨハネ福音書の冒頭の言葉以上に崇高なことはきっと書けなかったに違いない。

私　そうかも知れません。同じ表現を借りて言えば、哲学者が書いた崇高なものをあまり重んじない私としては、ヨハネの遺言こそ、あらゆる教会において、その一番良く見える目につく場所に金の文字で書かれるに遥かに値する、と信じているのです。
（G・E・レッシング『理性とキリスト教』谷口郁夫訳、新地書房、1987年、22頁）

この対話はヨハネが説いたキリスト教的な愛とキリスト教の教義との関連について語っており、この両者、つまり愛と教義とがはっきりと区別される。レッシングは言う、「キリスト教の教義と、この教義の上に築かれていることをキリスト教自身も承知している実践的なものとは別物だからです」と。続いてキリスト教の教義を受け入れ、信仰を告白することとキリスト教的な愛を実行することとどちらが困難かと問われる。もちろん後者のほうが遥かに困難であるが、それが認められても何の役にも立たないと言われる。なぜなら愛の軛《くびき》は楽にならないし、称賛にも値しないから、と語られる。

レッシングによれば、宗教の真理は教えとその承認という知的な営みよりも、生ける霊と愛の力とに現れる。したがって霊性は実践的な愛のさなかにあって宗教の真理を証しする。だが理性によってはそれはできない。それゆえ「幼子たちよ、互いに愛し合いなさい」という金言は、外典として伝承されたヨハネの「遺言」であるが、レッシングによってこの作品で何回も反復されることによって効果的に演出される。これが、近代ドイツ啓蒙主義の時代に問題となったキリスト教の真理をめぐる問いに対するレッシング独自の肯定的解答であった。

このようにレッシングは、豊富な文学的手段を用いて、とくにアイロニー（皮肉、逆説）を使って、啓蒙主義時代のキリスト教思想家たちが致命的な攻撃を受けたときに、彼らが「キリスト教の真理に関する証明の確実性」を確保したいと望みながらも、まったく無益な方法でキリスト教の真理を弁明したことを明らかにした。というのも彼らがもっとも注目すべき点を看過していたからである。この看過した点こそ『ヨハネの遺言』において明瞭に指摘された「幼子たちよ、互いに愛し合いなさい」という金言であった。これこそパウロの言う「霊と力の証明」（Ｉコリント２・４）であって、それは近代人が好んだ知的営みによって真理を「客観的」に立証しようとする態度からは決して理解できないものである。それに対してレッシングが採用した方法は対話に従事する者がその相手と対話を交わしながら一つの筋に引き込んでいく「演劇的手法」であった。

こういうレッシングの手法こそ聖書の中に生きて働く愛の生命をとらえるのに適してい

るのではなかろうか。そこでわたしたちは彼の手法に倣って「イエスとサマリアの女」の物語に目を向けてみよう。

聖書にはイエスが人々と対話している物語が数多く収録されている。ヨハネによる福音書4章1—26節に記されている「イエスとサマリアの女」との間に交わされた対話もその代表的な物語である。それはシカルという村の近くにあった有名な「ヤコブの井戸」の傍らで起こった話しである。これについては前にも述べたが（本書11講話参照）、サマリアとユダヤとは当時政治的に対立していた。預言者の時代には国家が北イスラエル王国と南ユダ王国に分裂していた。だが捕囚期以後国家がそれぞれ滅亡した後でもサマリアとユダヤに分かれたまま依然として厳しい対立状態にあった。とりわけサマリア人は、紀元前722年に滅亡した北イスラエル王国の残留の民とアッシリアからの入植者との混住の結果できた半異教的な混血民族であって、宗教混淆をきたしていた（列王下17・24—41参照）。

このシカルという町は聖書地図にあるようにエルサレムとナザレの中間地点であって、南にはゲリジム山がそびえていた。この町から一・五キロも離れたところにヤコブの井戸があった。そこに一人のサマリアの女が人目を避けるようにひっそりとやって来る。弟子たちが食糧の調達に出かけたあとに、井戸端に座したイエスは渇きを覚え、水瓶を携えてきた女に当時のしきたりに逆らって「水を飲ませてください」と言って語りかけた。この対話は身体の渇きを癒す「井戸の水」から始まり、人々を生かす「生ける水」を経て「永遠の命に至る水」へ飛躍的に進展する。実際、ヤコブの井戸の水はしばらく渇きを癒すにすぎないが、イエスが与える水は、どの人の中でも一つの泉となって、もはや渇きを覚えさせない。それは「命を与えるのは霊である。肉は何の役にも立たない」（ヨハネ6・63）とあるような人を生かす霊水である。

ところが対話はここで急展開を起こし、イエスは唐突にも「行ってあなたの夫を連れてきなさい」と女に命じる。これによって女とその夫との関係という「人と人」との間柄が問題となり、そこから「神と人」との真実な関係に発展し、「霊と真理による礼拝」にまで至って、ユダヤ対サマリアといった政治的な対決とはまったく異質な「神と人」との霊的な交わりの共同体にまで話が進展していく。

このようにイエスは話題を一転させ、彼女の心中深く横たわる闇のように暗い部分に光の照明を与える。これは一見すると筋が通っていない対話のように思われるが、「夫」への飛躍は彼女に新しい自己認識を拓くきっかけとなった。というのは、イエスは真剣ではあっても何かしら悩みを抱いた女性の中に問題を直観的に感じ取り、唐突にも「夫を連れてきなさい」と問いかけたからである。この直観は対話のただ中で閃いたものにほかならない。突発的な飛躍と劇的な展開こそ対話的語りによく起こる事態である。この命令とともに彼女はその過去の暗い部分が指摘される。つまり彼女が、五人の夫を以前持っていたが、今は非合法な夫婦関係にあることを言い当てられたがために、イエスを先見者（予言者）として認識する。そこで彼女は、予言者ならば神を礼拝する場所がゲリジム山の神殿か、それともエルサレムの神殿かという、当時の宗教上の大問題を持ち出す。これに対しイエスは、礼拝すべき場所は地理に特定される山でも町でもなくて、「心の内なる霊の深み」であり、そこで神を礼拝すべきことを告げる。

心の深みとしての霊はゲリジム山とかエルサレムのシオンの丘とかという特定の場所に限定された祭儀的礼拝を完全に超越する。福音書記者ヨハネはイエスを神の真理の体現者と見なし、イエスに「わたしは真理である」（ヨハネ14・6）と語らせる。したがって「真理」といっても理性による客観的で科学的、歴史的、哲学的な真理ではなく、イエスと対話する者に自己認識を呼び起こすような主体的な真理なのである。

真理の体現者であるイエスの前に立つとき、わたしたちは真理の光の照明を受けて自分が気づいていない隠された暗闇の部分が照らし出される。それゆえ神の子イエスと対話的にかかわるときには、この真理の光を受けて「赤裸々な自己」の認識と告白が必然的に起こってくる。サマリアの女の物語がこの点を明らかに示している。

では霊と真理による礼拝とは何か。イエスはそこで正しい神の礼拝の仕方を教える。「神は霊である。だから、神を礼拝する者は、霊と真理をもって礼拝しなければならない」（ヨハネ4・24）と。その意味は、神は霊であるがゆえに、人は霊でもって神を礼拝すべきであるということである。このことは比較的理解しやすい。なぜなら理解は共通な地盤から起こってくるからである。それゆえパウロも言う、「人の内にある霊以外に、いったいだれが、人のことを知るでしょうか」（Ⅰコリント2・11）と。それはギリシアの格言にもあるように「等しいもの同士は理解されうる」からである。

これに対し神と人との場合にはどうであろうか。神の霊と相違して人間の霊は、汚らわしい魑魅魍魎《ちみもうりょう》によって支配され、醜くも汚染されている。そのありようは七つの悪霊に悩まされたマクダラのマリア（ルカ8・2）や悪霊に取り憑かれ墓場をすみかにしていた男（マタイ8・28）と同じである。神と人との場合には霊である点は同じでも、その内容は質的に相違する。それゆえ人間の霊の現状に見られる悪しき霊の支配や汚染は神の霊によって駆逐されなければならない。そのためには何よりもこの暗黒を照らす自己認識が不可欠である。わたしたちはこのような認識によって神に対して徹底的に謙虚とされるのである。

このようにイエスとの対話の中で真理の照明によって正しい自己認識に導かれ、謙虚にされるのは、霊でもってわたしたちが新生を求めるためである。それゆえ聖書は「打ち砕かれた霊」を恩恵を受ける不可欠の前提と見なし、イザヤ書では「わたしは、高く、聖なる所に住み、打ち砕かれて、へりくだる霊の人と共にあり、へりくだる霊の人に命を得させ、打ち砕かれた心の人に命を得させる」（イザヤ書57・15）といわれる。同様に詩編は言う、「しかし、神の求めるいけにえは打ち砕かれた霊。打ち砕かれ悔いる心を、神よ、あなたは侮られません」（詩編51・19）と。新約聖書ではマリアの讃歌で、「わたしの魂は主をあがめ、わたしの霊は救い主である神を喜びたたえます。身分の低いこの主のはしためにも目を留めてくださったからです」（ルカ1・47―48）と告白される。このように神の顧みはへりくだった霊に立ち向かう。というのはヨハネによると神から派遣される「真理の霊」が救い主なるイエスを知るように導き、人間を破滅の深淵から救い出すからである。ヨハネは言う、「真理の霊が来ると、あなたがたを導いて真理をことごとく悟らせる」（ヨハネ16・13）と。

さて、日本人の現状に目を移すと、同胞がさまざまな霊力の玩弄物《がんろうぶつ》となっていることが痛感される。科学技術があたかも神のように日本人の心に君臨し、無神論がはびこり、物質的な利益だけを追求するマモン（財神）の霊が強烈に支配している。そのため悪魔的な力の餌食となって殺人・窃盗・詐欺・暴行といった事件が巷に頻発し、極端な無差別殺人にまで及び、人倫は地に落ち、道徳的意識は消滅しかけている。

それに対決し人間らしさを回復するためには、イエスがその深い愛によってサマリアの女と交わした対話から「霊と力の証明」を学び取らねばならない。なぜなら「人を生かす霊」である「生ける水」に飢え渇いている干からびた心は、「深い井戸」から「真清水」を汲み出して、霊的に生き返ることができるからである。

最後に、この物語で語られた「真理」とよく似ているが、まったく対立する古典的な事例をここで対照としてあげてみたい。ギリシアの神話的人物オイディプスは人々がこぞってうらやむ知力と権力、富と名誉からなる幸福を一身にそなえたテーバイの王であった。しかし、すべての人が幸福であると見なしていたこのオイディプスの心の奥底に、彼を破滅に追いやる悪しき宿命のダイモン（霊力）が巣くっていることが突如として明らかになつた。彼の日常生活はこのダイモンの力によって破壊され、幸福な生と思っていた自己の存在が恐るべき霊力の玩弄物にすぎないことを自覚する。ティレシアスという預言者はこうした宿命を「真理」として知っていても、それが人間の力を超えているがゆえに、どうにもならない。彼は自白して言う、「ああ、〔真理を〕知っているということは、なんとおそろしいことであろうか――知っても何の益もないときには」（ソポクレス『オイディプス王』藤沢令夫訳、岩波文庫、1991年、225頁）と。ギリシア的な精神と知性はこの厳しい現実をあるがままに認識し、気高い心でもってそれに忍従する。

それに対し、わたしたちの主イエスはその深い愛によってこのような状況に置かれたわたしたちに近づき語りかけてくる。そして悲劇を超えて神が愛であることを告知する。その際もっとも重要なのは、神が、「イエスとサマリアの女」の物語にあるように、主イエスを派遣して、わたしたちと対話する関係を拓いたことである。この関係こそキリスト教的愛と霊性の根底にある事実である。このことをヨハネは、神がまずわたしたちを愛してくださり、わたしたちも神を愛するようになったという仕方で告知する（Ⅰヨハネ4・10「わたしたちが神を愛したのではなく、神がわたしたちを愛して、わたしたちの罪を償ういけにえとして、御子をお遣わしになりました。ここに愛があります。」）。このような「恵みと真理はイエス・キリストを通して現れた」（ヨハネ1・17）のであるから、この恵みを受け、真理を知って再生したものは、人生に絶望することを永遠に禁じられているのである。

38　カイロスとロゴス（マルコ1・15）

時は満ち、神の国は近づいた。悔い改めて福音を信じなさい。

本日の礼拝では「時が来れば実現する神の言葉」についてお話しします。
（1）中世の昔から歌われてきた待降節の賛美歌「久しく待ちにし主よ、とく来たりて」に心を合わせて、わたしたちは主の御降臨を祝う備えをする時を迎えている。今年も終わりの月に入り、翻って一年を反省してみると、主イエス・キリストが生まれた時の状況が今日においても等しく起こっている、と感じられる。わたしたちの世界には大規模にならなかったとはいえ、その危険を孕んだ戦争につぐ戦争、食料不足と飢餓、経済的危機、自然の大災害などが襲いかかっており、個人的にも様々な不幸・死・病気などに見舞われている。わたしたちはこのような重くのしかかっている苦しみからの解放と救いを切に求めて呻いている。
聖書学者ルードヴィヒ・ケーラー（Ludwig Hugo Köhler, 1880 ~ 1956）は、「神はいかにして世界を維持したもうか」という問いに対し、近代人は「自然法則」によってと答え、ギリシア人は「コスモス」（秩序）によってと答えるであろうが、旧約聖書は「時」と答えるであろう、と語っている。この問いに対しおそらく現代人は「社会的法則」と答えるであろうが、現代人を含めた近代人とギリシア人との回答は本質的には等しいものであって、世界はロゴス（普遍的法則）によって維持されていると考えており、それはピュシス（自然）と呼ばれている。そして社会でも自然科学的に理解される傾向が強く、そのような自然の中に流れる時間的変化は普遍的なものの繰り返しにすぎず、時間に固有の意味はなく、歴史の意義は全く無視されている。

しかし、旧約聖書の神は世界と自然とを超越しながらこれを創造し、導き、自己の計画を実現するものと信じられていた。たとえばイザヤ書14章24節以下にこう記されている。「万軍の主は誓って言われる。〈わたしが計ることは必ず成り、わたしが定めることは必ず実現する。……その軛は、わが民から取り去られ、その重荷は、肩からはずされる〉。これこそ、全世界に対して定められた計画、すべての国に伸ばされた御手の業である。万軍の主が定められれば、誰がそれをとどめえよう。その御手が伸ばされれば、誰が引き戻しえよう」。このような神に対する人間の態度としてイザヤは「静かな信頼としての信仰」を勧め、「信ずる者は慌てることはない」(28・16)と説いた。

ルカ福音書1章5~25節の「洗礼者ヨハネの誕生予告」物語においても、この神の時間を通しての計画とそれに対する信仰が語られる。それは「時が来れば実現するわたし(神)の言葉」(1・20)として語られる。「時が来れば」というのは「その時期が来れば」という表現であるが、これは決して自然の季節の交替、つまり「春秋」を意味しているのではない。春が冬を克服する新年の到来を祝うのはバビロンの太陽神礼拝や日本の神道の行事であって、ここでの「時」は神の計画した救済が実現する時の充実、したがってカイロス(時熟)を意味する。

このカイロスとしての時は「時は満ち、神の国は近づいた。悔い改めて福音を信じなさい」(マルコ1・15)というイエスの伝道の第一声に身をもって実現している事態である。この「時」は何よりも先ず神の計画が熟して実現してきていることを意味しており、人間にはただこれを認め、信じて、これに従うことが要請される。したがって、それは人間の計画した「時」ではない。もちろん、わたしたちは自分の計画を立ててその実現に励むのを常としている。しかし人生の意義は、自己の立てた計画を実現させていくことにあるのではない。自己の計画を神の計画に従わせていくことが最大の課題なのであって、自己の計画そのものを神の計画であるとみなすことは自己神化の高慢として、最大の罪として、罰せられざるを得ないであろう。わたしたちは、時折、自己の計画が挫折する経験に見舞われる。そのときわたしたちは失望し、絶望状態に陥る。このことを預言者エレミヤほど痛切に体験したものはいない。彼は言う、「主よ、わたしは知っています。人はその道を定めえず、歩みながら、足取りを確かめることもできません」(10・23)と。しかし、そのとき初めて自己から目を転じて他者の関与を認識し、神の御手の働きを捉えるチャンスが到来しているとも考えられよう。こうして、自己の計画の挫折をも喜ぶ信仰の高い段階に飛躍することが与えられる。

(2) さて洗礼者ヨハネが誕生した「時」はいつであったのか。彼の誕生の物語は「ユダヤの王ヘロデの時代」(ルカ1・5)と書き出されていて、時代の大枠が示されている。これはマタイとも一致し(マタイ2・1)、その「時」が紀元前四年よりも前であることを伝えている。神がその救済計画に基づいて選ばれたこの「時」の内容について次に考えてみたい。

まず、ヨハネの父ザカリヤとその妻エリザベトの家系が示され、ともに祭司の家の出であることを指摘しているのは、後期ユダヤ教の重んじた種族の純正さが考慮されている。つまりイエスの先駆者は純粋な祭司の血統であって、政治的メシアではなく、神と人との仲立ちである祭司職を受け継ぐべきものと考えられていた。しかもヨハネの両親が祭司の家の出であるのみならず、「正しい人」、つまり神との関係が正しい人であるうえに、「主の掟と定めをすべて守り、非のうちどころがなかった」（ルカ1・6）善い人であることが付言されている。これはおそらくヨハネの人気と奇異なる行動とに対する反動から彼の出生が疑われていたことへの弁明を兼ねているといえよう。

次に、エリサベトは「不妊の女」であり、「二人とも既に年をとっていた」（7節）と記されている。ここでの「年をとっていた」とあるところは「非常に年老いていた」と創世記のアブラハムとサラの高齢出産（18・11）を伝承させて訳したいところである。不妊の胎を神が奇跡をもって開いたという伝承は創世記18章、サムエル記上1章、イザヤ書54章と続き、パウロのガラテヤ書4章後半に引き継がれている。さらにサムソンの誕生の記事もこの伝承に関係しているので、今日はとくにそれを取り上げてみたい。

士師記13章にはサムソンの誕生の物語があるが、ヨハネの誕生物語との共通点だけを取り出してみよう。まず、時代が悪く四〇年にわたってペリシテの支配が続いていたという歴史的状況がよく似ている。次に共通しているのは、主の使いが不妊の女に現われて、男子サムソンの誕生を告げる次第である。その中でも天使が「ぶどう酒や強い飲み物を飲まないように」に命じている（13・4、7、14この言葉はヨハネの禁欲生活を暗示している）ことや、サムソンの使命が「ペリシテ人の手からイスラエルを解き放つ救いの先駆者」（5節）であることなどがよく似ている。女に非常な恐れが生じている点もザカリアの「不安と恐怖の念」（1・12）と同じである。さらに女が主の名前を聞くと、「それは不思議という」との返事を受けているように、ザカリヤも「天使ガブリエル」の名前を聞いている。この「名」を聞くということは、宗教学的には不安と恐怖からの解放を古代社会や未開社会では意味している。終わりにサムソンの両親が祭壇の炎とともに天使が天に上る「しるし」を見ているように、しるしを求めたザカリアは「沈黙を強いられる」という一つのしるしを身に受けている。しるしを求めたことによって、彼の不信仰が罰っせられたように考えられがちであるが、信仰の父であるアブラハムでもしるしを求めている（創世記15・8以下）。このような共通点はルカが古い伝承をよく知っており、それらを採用していることを明らかにしている。

（3）　さらに神が選びたもうた「時」について次の点が注目に値している。それはザカリヤが聖所で祭司の務めである香を薫く儀式に「籤《くじ》」により選ばれており、この籤引きには誰も異義を唱え得ない神意のあらわれが示されているのであるが、さらに彼が香を薫いていたとき、天使が現われ、「香壇の右に立った」（1・11）ということである。出エジプト記30章6節によれば、その場所は神が人に出会われるところであり、「この掟の箱の上の贖いの座の前でわたしはあなたと会う」と明記されている。こうして祭司ザカリアを召命し、その職務遂行の一瞬間を神は選んで、天使を派遣したことになる。したがって神の救いは偶然到来するように思われ、人はそれに驚くのであるが、それは神の計画に基づい実現しており、しかも全身をあげて神に仕える「正しい人」に狙いを定めているといえよう。

　生まれてくる子供についての記事がこれに続いている。その中で「ヨハネ」すなわち「神は恵み深くありたもう」という命名の意義は大きい。命名の権利は当時父親にあり、一般には先祖の名前の中から取られたが、ヨハネという名称がそこに見当らないのにあえてこのように命名したことは特別に神の恩恵の意志を啓示している。つぎに「彼は主の御前に偉大な人になる」（15節）というのはイエス自身のヨハネについての評価によく現われているように、「預言者」の意味である（ルカ7・26「では、何を見に行ったのか。預言者か。そうだ、言っておく。預言者以上の者である。」）。そして預言者としての彼の仕事は「主のもとに立ち帰らせる」、すなわち神への転向を迫る「悔い改め」の説教者として活動することである。それは「エリヤの霊と力」によってなされる。これはシラ書48章10節からの引用である。「あなたは、書き記されているとおり、定められた時に備える者。神の怒りが激しくなる前に、これを静め、父の心を子に向けさせ、ヤコブの諸部族を立て直す者」。同様の消息はマラキ書3章23~24節（旧約聖書の最終節）にはこう記されている。「見よ、わたしは、大いなる恐るべき主の日が来る前に、預言者エリヤをあなたたちに遣わす。彼は父の心を子に、子の心を父に向けさせる。わたしが来て、破滅をもって、この地を撃つことがないように」。ヨハネの使命は、差し迫った審判を感じとり、父と子の双方に悔い改めを迫り、正しい人間関係に立ち帰らせ、民の救いの到来に向けて準備するということであったといえよう。それゆえ何よりも先にわたしたちは、悔い改めによって神に立ち帰り、それによって人間の関係も正されて、神の救いを実現させるのである。これこそ主イエスとの交わりにおいて実現する救いである。

（4） 神のこの告知は「喜ばしい知らせ」、つまり「福音」である。この福音を初めて聞いたザカリアは福音の担い手とされるという仕方でこれを聞くことになる。彼は「このことの起こる日まで話すことができなくなる」（20節）のであるが、この事態は何か異常なことが迫っていることの証しであり、口が利けない状態は人間が神意の介入に口出しできないことを物語っているとともに、それは神ご自身が活動したもうしるしとなっている。そしてこの計画が実現される「時」は、人間の思いを超えており、もっぱら神自身の決断にかかっていて、それに対する人間の態度は信仰をもって聴従し、待望をもって備える以外にはあり得ない。したがって洗礼者ヨハネの誕生は、イエスの誕生と同じく、初めから信仰を要求している。

主イエスを迎え入れる備えをするこの待降節にあたってわたしたちはザカリアに起こった出来事から学ぶことは、わたしたちが自己の思い・計画・理想に固執することを止め、それを主張して止まない自己の口を閉ざし、悔い改めて神の思いと計画とが自分の身に実現することを信仰によって祈願することである。この悔い改めこそ主イエスをわたしのキリストとして受け入れるために不可欠な前提であり、待降節にわたしたちがなすべき心の備えである。沈黙の詩編ともいうべき詩編39編8〜10節には次のように歌われている。

主よ、それなら
何に望みをかけたらよいのでしょう。
わたしはあなたを待ち望みます。
あなたに背いたすべての罪からわたしを救い
神を知らぬ者というそしりを
受けないようにしてください。
わたしは黙し、口を開きません。
あなたが計らってくださるでしょう。

39　人知の限界と神への畏怖　（コヘレト1・2、12・8）

コヘレトは言う。なんという空しさ
なんという空しさ、すべては空しい。（1・2）
なんと空しいことか、とコヘレトは言う。すべては空しい、と。（12・8）

中世の末期には「現世の蔑視」についていくつかの著作が現われているが、そのとき、コヘレトの言葉「空の空」が繰り返し引用された。しかし近代に入ると現世を蔑視して修道院に入るという思想は退けられ、現世の唯中に職業を通して隣人愛を実践していくことが力説されるようになり、近代化の進展に応じてコヘレトの思想は影をひそめてしまった。こうして職業の合理化によって生産は向上し、文明は開化したとはいえ、人は自己の業績をもって満たされるものではないということは変わらない真理である。むしろ、仕事へのファナティックな自己投入には虚無観が露呈されている。わたしたちはこの自己に襲いかかってくる虚無を問題にし、コヘレトの言葉を通して自己反省すべきであるように想われる。

コヘレトは第1章から第6章にかけて人生におけるすべての努力（知恵・快楽・金銭の追求）の空しさを語ってきたが、第7章からは名声と香油、生と死、そして知恵と愚かさとを比較して考察するという仕方で人知を尽くして真に充足を与える価値や真理を捉え直そうと試みた。まず、第7章1節から12節にかけては「あるものは他にものに優る」という仕方でさまざまな箴言を当代に流布していた民間伝承から集め、それに自作の格言をも加えて編集している。だが、第7章13節から第8章8節にかけては、人間の知恵つまり人知の価値はそれにもかかわらず、「風」を捉えるような空しい試みにすぎない、との結論に到達する。

この部分で展開する中心思想は「事の終わりは始めに優る」（7・8）という基本命題にすべて関連している。すなわち、人はその終わりを見るまでは何事も完全に評価できないが、人生の価値と評価とは死を考慮に入れて測らねばならない。したがって終わりと死を考慮に入れてこそ真の知恵が体得される。それゆえ知恵は、まず「……は……に優る」という形式による箴言でもって語られ、経験に富んだ忠告となり、一切のものはその空しさと否定にもかかわらず、相対的な価値をもっていると説かれる。

コヘレトは人間の努力の空しさという人生の否定的な側面をこれまで説いてきた。それゆえ、死という最も否定性の高い観点から人生を見ていく。そのため「死ぬ日は生まれる日にまさる」（7・1）とある対比は、弔いの家と酒宴の家（もしくは快楽の家）、悩みと笑いと続き、やがて賢者と愚者との対比に導かれていく。この世の賢者は権力と金力に屈している（7節）とはいえ、真の知者なら「事の終わり」を見極めることができるはずである。そうすれは、終わりのほうが「始めに優っている」ことを洞察できるはずである（8節）。たとえば「我慢ずよい」慎重さのほうが「怒りやすい」短慮より優れている。共同訳の「気が長い」は「気が短い」と対比して訳したほうがよい。それゆえ、知恵は財産に劣らず価値がありはしないか（11節）、知恵は金と同じように人を保護してくれるものではないか（12節）と問い、知恵と金とを並列し、等価とみなすことによって、知恵の大切さを説き、さらに知恵こそ命を与えるがゆえに財産や金に優っていることを教える。このような仕方で教えなければならなかったところに金への執着が昔も今日に劣らずはなはだしかったことが知られる。だから「昔のほうが良かった」（10節）と言えないのは当然かもしれない。

人間の努力の空しさは神が創造し支配している世界と人生についても宿命論的な見方をとっている。「神が曲げたもの」や「逆境」はどうしようもなく、未来のことは人間には知ることが許されていない。とくにコヘレトが問題にするのは理性的な道徳の破綻であった。

そこに人生の不可解さと空しさが端的に示されている。それは応報説の否定である。すなわち「善人がその善のゆえに滅びることもあり、悪人がその悪のゆえに長らえることもある」(15節)という観察は理性的な知恵を説く『箴言』に見られる応報説を批判しており、ヨブ記や詩編73編と同じ問題に直面している。ここに道徳的善悪の彼岸に立つ宗教の本来の意味が問われ、旧約宗教の最高峰にコヘレトも肉迫している。

だが、彼はこの事態を人間的な知恵(人知)によって克服しようと試みる。彼によると善も悪も、賢さも愚かさも、度が過ぎてはならない。孔子の言う「過ぎたるは、なお及ばざる如し」という実践的な中庸道徳が出てくる。また中庸は中道でもあって、一方にのみ偏ることを警戒し、一つのことにこだわって他方を疎かにしてはいけない、とも説く。これを可能にするのは、「神を恐れ敬う」態度であって、そこから生まれる知恵は十人の権力者に優っている。実際、この世には善人も義人もいないし、互いに悪口を言い合い、呪い合っている。だから人の言うことなど気にする必要はないと言われているが、こうした悪の現実を前にして彼の絶望が暗示されている(16―22節)。

このようにコヘレトは人間的な知恵を傾けて知者・賢人になろうと努めてみたのであるが、世界にはびこっている悪の現実にぶつかり、自己の限界の自覚に到達する。いわゆる限界状況、挫折点に行き当たってしまう。彼はそれを人知の限界として捉え、人間の知恵の及ばない自己の無力を自覚し、「存在したことは、遥かに遠く、その深い深いところを誰が見いだせようか」(24節)と語る。ここで語られている「存在したこと」というのは、過去においても現在においても常に在るもの、時空を超えて現に存在している真理、つまり真なる存在である。このような真理はわたしたちの認識に対し「遥かに遠く」かつ「深く」隠されている。ギリシア語で「真理」(アレテイア)とは「覆いを取り除く」を意味している。差当り大抵、真理は覆われ隠されており、「真なる存在」は表面には現われず、人々の目には隠されている。つまり隠蔽されている。ここに示されているようにヘブライ人もギリシア人と同様に真理の隠蔽性を認めている。この隠蔽性は人知によって、理性や知性、また直観力によって取り除くことができるであろうか。コヘレトはそれは人間にはできないという。彼の判ったことは「悪の愚行」と「愚行の狂気」であり(25節)、「女の恐ろしい罠」(26節)だけであった。このような経験から彼は「神は人間を真っすぐに造ったが、人間は多くの計略を求める」(29節)という認識に到達している。そこには神の創造の意図が人間の邪な意図によって破壊されているという厳しい現実認識が窺える。神の意図に一致して生きるところに被造物としての人間の知恵(人知)があるのに、彼が見出だしたのは愚行の狂気に転落している病める人間の姿であった。

終わりにわたしたちは、この箇所の基本命題「事の終わりは始めにまさる」とはどのような意味で語られているのであろうか、と問うてみたい。それは「終わり良ければすべて良い」（シェイクスピア William Shakespeare, 1564 ~ 1616）という意味であろうか。結果オーライということであろうか。あるいは単純に始めから終わりである目標に向けての進歩の思想を意味しているのであろうか。空しい人生にそのような期待を寄せることは幻想にすぎない。むしろ、その意味は「死ぬ日は生まれる日にまさる」（1節）ということである。そうするとコヘレトはソポクレス（Sophoklēs, 797/6 ~ 406/5 BC）の『オイディプス』という作品の最後の言葉に近付いていく。「されば死すべき人の身は　はるかにかの最期の日の見きわめを待て。何らの苦しみにもあわずして、この世のきわに至《いた》までは、何びとをも幸福とは呼ぶなかれ」。ここにある「最期の日」とは死を指している。このコヘレトとソポクレスの死生観はよく似ている。第4章2節「既に死んだ人を、幸いだと言おう。更に生きて行かなければならない人よりは幸いだ」とソポクレスの言葉「この世に生を享けないのが、すべてにまさって、いちばんよいこと。生まれたからには、来たところ、そこへ速やかに赴くのが、次にいちばんよいことだ」と酷似している。悲劇作家にとって長命を望むことは愚かである。それゆえに、死こそ希望の対象となっている。彼は『コロノスのオイディプス』で言う。

救い主はすべての者に最後には等しく現われる、
ハデスの運命が、結婚のことほぎの歌もなく、
竪琴の楽も、踊りも伴わずに、現われる時、
そうだ、最後には死だ。

人間にとっての共通の救いが死に求められている。知力においても武力においても、人が羨むほど恵まれた王者オイディプスといえども、幸福にとどまることができない。その存在は余りに脆い。だから自己が人間にすぎないことを知り、驕者《きょうしゃ》の愚行は退けられなければならない。コヘレトも悲劇作家と同様に人生を見て、「死ぬ日は生まれる日にまさる」と語っている。しかし、彼は同時に神への畏怖によって与えられる「神の目」をもって人生を捉え直している。悲劇作家は現実をありのままに見て、隠された真理を見極めている。この真理に逆らっては生きられない。「わが内に宿る真理《まこと》こそ、この身を守る力なのだから」と予言者テイレシアスは断言している。コヘレトも悲劇作家と同様に人生の真相を捉えている。し

かし同時に神の目をもって「死のさなかに生を」捉えている。だから「事の終わり」は生の終わりである死をも突き抜けて、神から新たに生を捉えようとする。「神への畏怖」こそこの見方を拓く。こうして彼は生のさなかに死を捉えたように、十字架の死のさなかに復活の生を、キリストにある新生を捉える道をわたしたちに指し示している。それを捉えているのは信仰である。

わたしの生涯はある意味でコヘレトの言葉に導かれて営まれてきたといえよう。青年時代を導いた言葉は「汝の若き日に、汝の造り主を覚えよ」(12・1 文語訳) であり、快楽を追求しやすい時に、神を探求するようにとの戒めを常に心に止めて歩むことがゆるされた。働き盛りの壮年時代には「あなたのパンを水の上に投げよ。多くに日の後にあなたはそれを得るからである」(11・1 口語訳) がわたしのモットーであった。わたしにとり「水」は「砂」のようであった。それは「砂を噛む」ような日々であったからである。実際、世界には無意味さが満ちているよう想われた。それでもわたしは命の糧となるものを蒔き続けようと試みてきた。コヘレトが語るすべての言葉はその前後を「空の空、空の空、いっさいは空である」(1・2、12・8) との絶対否定のよって裏打ちされており、その上で創造主なる神に対する信仰から発っせられたのである。この神への信仰によってわたしたちは絶望することを永遠に禁じられているのである。なぜなら、絶望は本質的に事物や所有や対象に関係しているのではなく、自己自身の存在にかかわっているからである。今日は「事の終わりは始めにまさる」(新共同訳)という言葉がいかなる意味で言われているのかを学んだ。わたしたちはこのコヘレトの言葉の導きによって、なお、信仰の歩みを続けてい行きたい。

40　隠された宝を探そう（マタイ13・44）

天の国は次のようにたとえられる。畑に宝が隠されている。見つけた人は、そのまま隠しておき、喜びながら帰り、持ち物をすっかり売り払って、その畑を買う。

イエスご自身が語られたお話しが残されています。とくにその中でもすばらしいのが「譬話」です。これによって、一般の民衆にも宣教内容が理解されやすいように伝えられました。その譬話の中でももっとも短いものに先程朗読された聖書の話があります。

「天の国は次のようにたとえられる。畑に宝が隠されている。見つけた人は、そのまま隠しておき、喜びながら帰り、持ち物をすっかり売り払って、その畑を買う」（マタイ13・44）。

聖書の中にはわたしたちが経験することとよく似た記事が時折あります。実はわたしはこの譬話と同じような経験をしたことがあります。大学2年生のとき古書店に山のように積まれた本の中にギボン（前出、17頁）の『ローマ帝国衰亡史』（英文全七巻）の美装本を見つけました。しばらくとっておいてもらって、わたしは自分が所有している本を全部売ってそれを購入しました。内村鑑三の自伝的作品『余は如何にしてキリスト信徒となりしか』の中で、またギッシングの『ヘンリ・ライクロフトの手記』の中で、この書物を読んだことが書かれていたばかりか、当時の読書案内であった河合栄二郎編『学生と読書』にも必読書と記されていました。当時、すでに訳本もあって泉田 栄という人の訳本を買って読んだのですが良く理解できませんでした。ですから、原書のこの本はわたしにとって宝でした。しかし、本というのは読まなくては宝の中味が分かりません。そこで半年もかけてこれを読了しました。ところが読んでみて分かったのですが、これは宝でも問題があると感じました。キリスト教に対するギボンの反感は啓蒙時代の思想家であるから彼にとっては当然でも果たして真実であるか疑わしかったのです。さらにアウグスティヌスに対するひどい評価には驚き、自分でアウグスティヌスを読んで真実を確かめたくなりました。そこで『神の国』という大作の英訳本を購入して全部読み、これで卒業論文を書くことにしました。このようにしてヨーロッパ思想史の研究がわたしのライフワークとなったのです。

こうした経験のゆえに、「隠された宝」の譬え話はわたしにとても親しみのあるものとなりました。これに続く譬え話では「高価な真珠」を商人が見つける話と「魚がいっぱいになった網」の話がイエスによって語られています。このような生活に密着した話でしたらだれでも分かる内容ですが、では「宝」とは何かと考えてみましょう。それは「高価な真珠」でしょうか、それとも「網に一杯の大量の魚」でしょうか。真珠や魚は目に見えるものです。それは宝かも知れませんが、「隠された宝」ではありません。そこでこの譬え話の前に語られている有名な「種を蒔く人」の譬えを参照してみよう。

種を蒔く人が種を蒔くと、それは「道端」と「石だらけで土の少ない所」と「茨の間」と「良い地」に落ちたと語られています。ところで農夫は四回種を蒔いて、一回しか成功しなかったのです。これはおかしいと誰もが考えます。そんなことはパレスチナの農業ではあり得ない異常な事態であって、どうみても失敗であったとしか考えられません。ところで、ここで語られている種というのは神の言葉であると後に説明されています。そうすると、この譬えでは神の国の宣教というイエスの事業が外面的に観察すると失敗であることが語られていることになります。確かに、外面的に観察するかぎり、イエスの宣教活動は失敗でした。

しかし、それは内面的に見ると決して失敗ではなかったのです。なぜなら「わたしの国はこの世のものではない」とイエスがローマの総督ピラトの前ではっきりと言明されているからです。神の国はこの世には隠された宝なのです。

そこで外面的には失敗であったイエスの宣教活動についてもう一度考えてみましょう。農夫は三回の失敗を補うように三倍の収穫を上げたのでしょうか。そうではありません。驚くべきことに収穫が三倍どころか「百倍」「六十倍」「三十倍」になったと記されています。こんなことは絶対にあり得ないことであって、これを聞いた人は唖然とするでしょう。もう馬鹿らしくて聞いていられないというのが人々の反応であったと推測されます。

このような普通では考え及ばないような事柄は、そこに「隠された意味」を秘めていると考えるべきです。「隠されている」というのは外側からは見えないという意味では、感覚によっては捉えられないのです。それは内面的なものといえましょう。ですが、もし人間の理性によってそれが理解されるなら、それは真実な意味では隠されているとは言えません。わたしたちの感覚や理性によっても知ることができないとなると、そこには次の三つの反応が起こってくるでしょう。

第一に、それは「馬鹿らしいもの」と思われて、軽蔑の対象にする態度です。ここで人びとはそれを全く相手にしないで、嘲笑するでしょう。第二は、非合理的で不可解であると考える態度です。それは理性に相反している「背理なるもの」ですから、とても考えられないのです。その場合、矛盾を含んでいるのですから人々は積極的にそれを非真理として破棄するでしょう。第三に、それに対し「躓き」を起こす場合です。人々はそこで挫折し、躓いて激しい怒りを覚え、それを攻撃し、絶滅しようと反撃するでしょう。

キリスト教の真理のなかには、このような隠れによってのみ伝達されるものがあります。イエスご自身が人々の目に深く隠されておりました。イエスはローマの極刑にかけられた者でありながら、しかも救い主であると宣教されたのですから。したがって、だれしもこれに躓いて挫折せずにはいられませんでした。パウロはコリント人への手紙でこの逆説を端的に次のように述べている。「十字架の言は、滅び行く者には愚かであるが、救にあずかるわたしたちには、神の力である」（Ⅰコリント1・18）と。このような躓きを起こすようにキリスト教の真理は深く隠されています。それは「隠された真理」なのです。

このことは「一粒の麦」の話を参照するとよく分かります。こう言われています。「一粒の麦は、地に落ちて死ななければ、一粒のままである。だが、死ねば、多くの実を結ぶ」（ヨハネ12・24）とあります。死が多くの実をもたらすというのです。死んでしまえばすべてがお終いのように想われます。だから、こんなことを言われても何がなんだか分かりません。真理がここでは隠されているのです。しかし、死は命に人を導きます。十字架における犠牲の愛がこの働きをもたらします。それはわたしたちの予想を超える出来事なのです。

種まきに失敗した人は最期によい地に種を蒔いて、三回の失敗を挽回すべき四倍の収穫を上げたのでしょうか。それどころではありません。聖書は百倍、六十倍、三十倍の収穫があったと語っています。驚くべき収穫ではないでしょうか。

では、どうしたらこの真理を理解することができるでしょうか。そこで再度、イエスご自身のことを考えてみましょう。彼はよく「微行者《びこう》」(incognito)と呼ばれます。「微行者」とは「それと認識されないような姿で」という意味です。それは徳川八代将軍吉宗のように「お忍びで」行動することを言います。ですから、イエスを正しく認識するためには感性や理性とは相違した認識力が必要となります。それは信仰です。

ところで信仰のもっている認識力を霊性というます。実はこの霊性は感性や理性のようにその作用が簡単には分からないのですが、わたしたちの「隠された宝」なのです。そこで終わりにこのことをお話ししましょう。

人間の心には三つの働きがあります。感覚・理性・霊性がそれです。感覚と理性はだれでも理解できますが、霊性は実は感覚や理性からは把握できない、隠された働きです。これはヨーロッパ語では spirit, Geist, pneuma と言います。この霊性の作用は旧新約聖書が説いてきたものですが、宗教改革者ルターはその意義を明瞭に述べています。彼によると人間には

「霊・魂・身体」が授けられており、霊というのは次のような働きです。

「第一の部分である霊（geist）は人間の最高、最深、最貴の部分であり、人間はこれにより理解しがたく、目に見えない永遠の事物を把捉することができる。そして短くいえば、それは家（haus）であり、そこに信仰と神の言葉が内住する」。

このように人間の心の深層には「霊」の作用、つまり「霊性」があるというのです。ルターはユダヤ教の神殿の比喩を使ってこの霊を「至聖所」と言いました。同じように鈴木大《だい》拙《せつ》（1870～1966）は霊性を「奥の院」と呼びました。わたしたちの心の奥底には神の言葉を受け取って受容する働きが備わっています。それは信仰の作用に他なりません。わたしたちは信仰によって天国の「隠された宝」を受容することができるのです。「隠された宝」は「神の言葉」であり、これはわたしたちの内に宿っている霊によって信仰されるのです。だから探究していた宝と真理は実は自分自身の内に迫っており、霊的な信仰によって受容されることができるのです。使徒パウロは「わたしたちは、このような宝を土の器に納めています」（Ⅱコリント４・７）と言います。そうすると神の言葉である「宝」を受容する「霊性」はここでは「土の器」であると言われるのです。この器は「宝」を受容すると驚くことには「百倍、六十倍、三十倍の収穫」をあげることができます。

皆さんはこのような器です。学生時代に大いに心を耕し、深いところまで掘り下げ、思想の種を蒔いてください。やかで大きな収穫を納めることでしょう。

あとがき

わたしは京都で学生生活を送り、北白川教会牧師、奥田成孝牧師から洗礼を受け、キリスト教信仰の訓練を受けてきました。奥田先生は学生伝道に以前から励んでおられましたが、その頃は中断していた聖書研究会を京都大学で再開するように促してくださいました。その前に郷里の静岡大学にいたときも聖書研究会に参加していたので、何の抵抗もなく聖書研究会を始めることができました。その研究会に奥田先生、教養部の三谷健二先生、人文学研究所の飯沼二郎先生もとても熱心に参加してくださり充実した会をもちましたが、同時に森明の創始になる「キリスト教共助会」の伝道精神をも学びました。わたし自身はキリスト教徒の家に育ち姉から信仰を学んでいたので、専門のヨーロッパ思想史の中でもアウグスティヌスやルターを本格的に研究しよう考えていました。当時、奥田先生は祈祷会でアウグスティヌスの『告白録』の一節を用いて奨励をなさったのに驚きましたが、ルターにも関心をいだかれ、当時では高価な稀覯本ルターの『ガラテヤ書講義』（1531年）の英訳本をおもちで、それをわたしにくださいました。就職のため京都を離れて上京したのは30歳のときでしたから、今から58年も前のことです。そのとき先生から井草教会にいって教会を援助するように言われ、それにしたがって今日まで励んできました。

井草教会には創立者小塩力牧師によって長老を訓練するため、夏の間に説教を担当させる習わしがありました。この訓練を受けたわたしは、信徒として説教を学ぶことになったのですが、若年の信徒ではとても説教はできないので、「奨励」とか「講話」といって聖書を学んできました。その講話の内容は毎年教会の『井草だより』に掲載され続けてきましたので、それを集めてみると相当な数になりました。この中の幾つかはすでに公刊された雑誌や著書に掲載されましたが、多くのものが未発表であり、それに聖学院大学のチャペルで行った講話を加えて一冊の書にまとめてみました。

ヨーロッパ思想史と人間学がわたしの研究分野であって、青年時代から「理性」や「感性」と並んで「霊性＝信仰」に関心を寄せてきましたので、ヨハネ福音書第4章の「サマリアの女」の物語など繰り返し登場してきます。彼女はイエスに「霊水」を求めましたが、実に聖書には霊性を養う「黄金の水流」（エラスムス）が流れています。このような教会における営みがあって初めて、わたしがキリスト教の霊性思想を長期にわたって研究し続けることができました。

この小冊子に収められた40編の講話は実に40年の長きにわたって一年に一つづつ書かれたものです。それはアラビアの岩山砂漠をさ迷ったイスラエルの歳月に相当します。その間に神の言葉はわたしにとって「日用の糧」となり、「昼は雲の柱、夜は火の柱」としてわたしを先導し続けました。わたしは拙文が速読されることなく、少しでも読者の皆様の日々の信仰生活に役立つように願っています。

終わりに、わたしは本書を出版するに当たってヨベル社の社長、安田正人氏に校正その他でとてもお世話になったことを想起し、感謝したいと思います。

2020年5月1日

金子晴勇

金子晴勇（かねこ・はるお）
1932 年静岡生まれ。1962 年京都大学大学院博士課程中退。67 年立教大学助教授、75 年『ルターの人間学』で京大文学博士、76 年同書で日本学士院賞受賞。82 年岡山大学教授、1990 年静岡大学教授、1995 年聖学院大学客員教授。2010 年退官。

主な著書：『ルターの人間学』（1975）『アウグスティヌスの人間学』（1982）、『ヨーロッパ人間学の歴史』（2008）、『エラスムスの人間学』（2011）、『アウグスティヌスの知恵』（2012）、『知恵の探求とは何か』（2013）、『キリスト教人間学』（2020）ほか多数

主な訳書：アウグスティヌス著作集 第 9 巻（1979）、ルター『生と死の講話』（2007）、ルター『神学討論集』（2010）、エラスムス『格言選集』（2015）、C. N. コックレン『キリスト教と古典文化』（2018）、エラスムス『対話集』（2019）ほか多数

ヨベル新書 060
わたしたちの信仰 —— その育成をめざして

2020 年 6 月 25 日 初版発行

著　者 —— 金子晴勇
発行者 —— 安田正人
発行所 —— 株式会社ヨベル　YOBEL, Inc.
〒 113-0033 東京都文京区本郷 4-1-1-5F
TEL03-3818-4851　FAX03-3818-4858
e-mail：info@yobel. co. jp

印刷 —— 中央精版印刷株式会社
装幀 —— ロゴスデザイン：長尾 優
配給元—日本キリスト教書販売株式会社（日キ販）
〒 162 - 0814　東京都新宿区新小川町 9 -1
振替 00130-3-60976　Tel 03-3260-5670
　ISBN978-4-909871-18-3 C0216

東京基督教大学教授

大和昌平　牧師が読み解く般若心経［新装版］

評：村上英智氏（真言宗智山派　医王山安楽寺住職）とてもわかりやすい仏教の入門書であり、優れたキリスト教入門書でもあり、上質な般若心経の解説書である。

059　新書判・三一二頁・一一〇〇円　ISBN978-4-909871-17-6

青山学院大学大学名誉教授

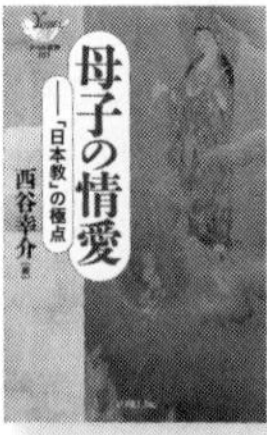

西谷幸介　母子の情愛──「日本教の極点」

評：並木浩一氏（国際基督教大学名誉教授）夥しい数の日本論が出版されてきたが、日本的心性の深みを突くとともに、総合的に文化の特色を論ずる努力が払われたと言えるのか。日本文化の核心に迫る努力は依然求められている。本書はそれを意識して「納得のいく議論」の展開を心がける。

057　新書判・二〇八頁・一一〇〇円　ISBN978-4-909871-06-0

明野キリスト教会牧師

大頭眞一説教集1　アブラハムと神さまと星空と　創世記・上

勝俣慶信氏（酒匂キリスト教会牧師）この説教集を読んだ人は、「神さまってこんなお方だったのだ」と神さまに目が開かれていきます。そして神さまの痛むほどの深い愛に心撃たれるに違いありません。（本文より）

056　新書判・二二四頁・一一〇〇円　ISBN978-4-909871-07-7

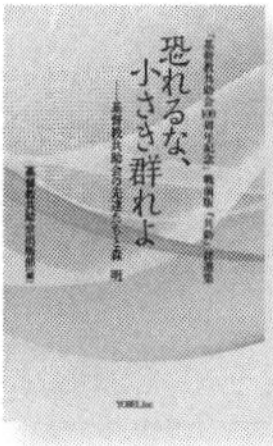

飯島 信／井川 満／片柳榮一責任編集　恐れるな、小さき群れよ

——基督教共助会の先達たちと森 明

「キリスト教の根本は友情である」（森 明）森 明が病身の身で興し、100周年を迎えた基督教共助会。戦前・戦時下を、ただ〝キリストに賭けて〟生き抜いた共助会先達の信仰の篤き消息を『共助』誌に尋ね求めた珠玉の選集。

四六判・二八八頁・一三〇〇円　ISBN978-4-909871-22-2

ジュセッペ三木一佐藤弥生訳　アベルのところで命を祝う

——創世記を味わう第4章［師父たちの食卓で2］

人類最初の、しかも兄弟間での殺人という悲劇はいかにして起こったのか。他者への非寛容に脅かされる現代に生きる私たちがこの記事から読み取るべき使信とは！　**相模原障害者施設殺傷事件**、いわゆる「**津久井やまゆり園事件**」をも併せて読み解く！　A5判・一九二頁・一五〇〇円　ISBN978-4-909871-08-4

ウェスレアン・ホーリネス教団戸畑高峰教会牧師　**塩屋 弘**　ヨブ記に聞く！

正しい人がゆえなき苦しみに遭うのは何故か。古今東西の人々を惹きつけてやまない「ヨブ記」を、あたかもヨブと友人たちの輪の中にいるような息づかいを込めて巡り直す。全42章を霊想するに格好の手引き書が登場！

四六判上製・一六八頁・一三〇〇円　ISBN978-4-909871-04-6